技術経営

原 拓志／宮尾 学［編著］

ベーシック＋プラス
Basic Plus

中央経済社

はじめに

▶技術とイノベーションのマネジメント

　経営学を学ぶにあたって，人や組織のマネジメントやお金や市場のマネジメントに関する教科書は多くあります。しかし，技術やイノベーションについてはどうでしょう。確かに，人やお金なくして経営は成り立ちませんし，組織のマネジメントや市場の確保が経営において極めて大事であることは間違いありません。しかし，現代企業に関して，技術やイノベーションを外して経営を考えることは可能でしょうか。

　経営を支えるビジネスで顧客に提供される商品を生み出すには技術が必要ですし，生み出された商品もまた技術を含んでいることが多くあります。皆さんが普段買う衣服にだって保温性だったり吸汗性だったり技術がありますし，食べ物にも保存性だったりカロリーオフだったり技術が使われています。スマートフォンのような機械製品にいたってはさまざまな技術の塊です。また，こうした製品を生産するには，さまざまな機械設備や加工プロセスなどの技術が必要とされます。

　他方で，スマートフォンを使って通話するにもメッセージを送るにもウェブサイトを見るにもゲームをするにも音楽を聴くにも，通信の技術がなくてはなりません。それを充電するにも，発電という技術や送電という技術が前提になっています。バスや電車などの交通手段も技術に支えられています。つまり，衣服，食品，機械などの形ある商品も，それを生産する工場も，通信サービス，発送電サービス，交通サービスなどのサービス商品も，すべて技術に支えられているのです。

　また，現代企業では，経営戦略やマーケティングが必要とされます。企業間で競争があり，何でも売りに出せば買ってもらえる状況ではない時代だからです。そのうえ，グローバル化や情報化，高齢化，環境保全運動の高まり

などの大きな社会の変化も加わり，ビジネスを取り巻く環境は極めて不確実で流動的です。新たなビジネスを作り出すチャンスとこれまでのビジネスが立ち行かなくなる脅威が常に伴います。そうした中で求められるのが，新しい解決方法の実践すなわちイノベーションです。

　本書は，このように現代企業にとって重要な技術とイノベーションのマネジメントについて体系的に学ぶための入門レベルの教科書です。経営学の知識がとくにない学生であっても技術やイノベーションのマネジメントの基礎を学ぶことができ，また，できるだけ基礎に徹することで，内容の陳腐化が進まないようにしています。

　本書を修めたのちには，より深い理論や，より新しい実践について，学んでもらいたいと思います。これは，あくまでも入門へ導くものであって，門に入ったら止まってしまうのではなく，さらに奥へと，先へと進んで下さい。進む道はいろいろ分かれていますが，迷ったときには一度この門に戻るのも一案です。本書の解説は必ずしも簡単に理解できるものばかりではありませんが，よく読んでよく考えれば理解できるようになっていると思います。

▶本書の学び方

　本書は，学んでほしい順に章を並べています。また，一度全体を学んだあとにもう一度最初から読み直してもらえると理解度はさらに高まると思います。運動も繰り返しすることで力がつきます。本書も繰り返し読むことで基礎を身につけることができると思います。経営学の他の分野を学んでからでも良いかもしれません。少なくとも二度は読んでもらいたいと思います。

　各章においては，学ぶべきポイントを Learning Points として，また，最も重要といえる概念について Key Words として，冒頭に示しています。読む前に気に留めてもらえると著者の狙いがわかるので理解しやすくなると思います。また，本文中においては重要度の高い用語をゴシック体で表記しています。基本的に本文で学んでもらいたいことを述べていますが，ときに必要と思われる補足説明を Column として挿入しています。

本文の後には，Working として，読者の皆さん自身が主体的に学ぶための課題を示しています。主体的に調べたり考えたりすることで学習は進みます。ぜひ取り組んでください。また，自分で学ぶだけでなく，他の人と意見を交わすことで自分だけでは気づかなかった点に気づいたり，自分とは違う考えに出くわしたりすることができます。そうした議論のテーマを Discussion として示しています。これも，ともに学ぶ友人や同僚あるいは家族を誘って話し合ってみてください。

　「さらに学びたい人のために」と「参考文献」では，ともに本文に関連する文献を紹介しています。「参考文献」は，本文で引用や参照をした文献を示しています。「さらに学びたい人のために」に掲げている文献は，その章を学んだ後に，ぜひ読んでほしいものです。より詳しく内容を理解でき，その章だけでは説明し尽くせなかった進んだ内容を学ぶことができます。

▶謝辞

　本書の執筆者は，いずれも神戸大学大学院経営学研究科で技術経営を専門として博士（原は修士）を取得した研究者です。そこで各執筆者の主査ないし副査として研究指導に当たっていただいた宗像正幸先生，奥林康司先生，加護野忠男先生，延岡健太郎先生，松尾博文先生，伊藤宗彦先生，南千惠子先生，上林憲雄先生，原田勉先生，松嶋登先生に深く感謝いたします。また，原が Ph. D. を取得したエディンバラ大学で指導教員であった Donald MacKenzie 先生および Graham Spinardi 先生にも深く感謝いたします。

　さらに，各執筆者のこれまでの研究活動や学会活動において，それぞれに貴重なご教示をくださった実業界や学界の方々についても，お1人ずつお名前を挙げることは紙幅の制約で叶いませんが，謝意を示させていただきます。

　兵庫県立大学の三崎秀央先生には，本書においては結果的に扱わなかった技術人材の育成に関する企画に関して貴重なアドバイスをいただきました。記して謝意を示します。そして，神戸大学大学院経営学研究科博士後期課程に在学中の阿部裕香里さんには，初稿段階での誤字などの確認をしてもらい，

（遠慮気味ながらも）読者としての意見をもらったことを大いに感謝します。

　最後となりましたが，中央経済社の納見伸之氏には編集のプロフェッショナルとしての立場から，企画から編集・構成に至るまで極めて多くのサポートをいただきました。執筆者一同，心より感謝いたしております。

　なお，本書は複数の執筆者によるものです。編者および執筆者の間でコミュニケーションを綿密にとって全体としての統合性を高めるように努めましたが，まだ不備や不統一が残っているかもしれません。その責は編著者である原と宮尾が負うべきものです。お気づきの点等ございましたら，読者の皆様のご叱正をいただければ幸いです。

　2017 年夏

執筆者を代表して

原　　拓志
宮尾　　学

はじめに··001

第 **1** 章 **イントロダクション**··013

1 学問領域としての技術経営···013
　1.1 技術経営とは　013
　1.2 技術経営の成り立ち　015
　1.3 技術経営の主な関心　015

2 技術経営を学ぶ意義···016
　2.1 現代企業の経営環境　016
　2.2 経営環境の変化と技術経営　018
　2.3 誰がなぜ技術経営を学ぶべきなのか　019

3 本書が扱う技術経営の諸問題···021
　3.1 技術と経営　021
　3.2 経営戦略と技術経営　021
　3.3 技術と制度　022
　3.4 イノベーション　023
　3.5 製品開発のプロセス　024
　3.6 製品開発の組織　025
　3.7 物とソフトウェアの大量生産　026

第 **2** 章 **技術と経営**··029

1 技術とは···029
　1.1 技術の定義　029
　1.2 技術の体系　030
　1.3 製品技術と工程技術　031
　1.4 ハードウェアとソフトウェア　031

2 経営とは···032
　2.1 経営の定義　032
　2.2 組織とは　033
　2.3 組織と環境　035

2.4 競争戦略の 4 C　037

3 技術と経営 ────────────────────────────────── 038

3.1 経営の視点から技術を考える　038

3.2 技術の視点から経営を考える　040

3.3 社会の視点から技術と経営を考える　042

3.4 技術と経営の視点から社会を考える　042

第 **3** 章　**競争優位と競争戦略** ──────────────────── 045

1 競争優位とその実現 ──────────────────────────── 045

1.1 競争優位・競争劣位・競争均衡　045

1.2 ポジショニング・アプローチ　046

1.3 資源能力アプローチ　048

1.4 持続的競争優位とその源泉　049

2 競争優位を生み出す競争戦略 ────────────────────── 050

2.1 差別化戦略　050

2.2 コスト・リーダーシップ戦略　051

3 ビジネス・システム戦略 ──────────────────────── 053

3.1 ビジネス・システムとは　053

3.2 差別化優位のビジネス・システム　054

3.3 コスト優位のビジネス・システム　055

4 競争地位と戦略 ──────────────────────────────── 056

4.1 競争地位の 4 類型　056

4.2 競争地位別戦略　057

第 **4** 章　**経営戦略と技術** ────────────────────────── 061

1 コア技術戦略 ────────────────────────────────── 061

1.1 コア技術戦略とは　061

1.2 コア技術の形成プロセス　062

1.3 コア技術戦略の事例　063

2 製品ライフサイクル ──────────────────────────── 065

2.1 製品ライフサイクルとは　065

2.2 製品ライフサイクルの各段階の特徴とその戦略　067

3 多角化戦略と製品ポートフォリオ・マネジメント（PPM）⋯⋯⋯068

3.1 多角化とは　068

3.2 多角化の動機・効果　069

3.3 製品ポートフォリオ・マネジメント　070

4 先発者の優位と後発者の優位⋯⋯⋯⋯⋯⋯⋯⋯⋯⋯⋯⋯⋯⋯⋯⋯⋯073

4.1 先発者の優位　073

4.2 後発者の優位　075

4.3 先発者の優位と後発者の優位の分水嶺　076

第 **5** 章 **技術と制度**⋯⋯⋯⋯⋯⋯⋯⋯⋯⋯⋯⋯⋯⋯⋯⋯⋯⋯⋯⋯⋯⋯⋯⋯079

1 技術と制度⋯⋯⋯⋯⋯⋯⋯⋯⋯⋯⋯⋯⋯⋯⋯⋯⋯⋯⋯⋯⋯⋯⋯⋯⋯⋯079

2 知的財産のマネジメント⋯⋯⋯⋯⋯⋯⋯⋯⋯⋯⋯⋯⋯⋯⋯⋯⋯⋯⋯⋯080

2.1 知的財産とは　080

2.2 知的財産をめぐる競争　082

3 業界標準のマネジメント⋯⋯⋯⋯⋯⋯⋯⋯⋯⋯⋯⋯⋯⋯⋯⋯⋯⋯⋯⋯084

3.1 業界標準とは　084

3.2 業界標準をめぐる競争　085

4 オープン戦略とクローズド戦略⋯⋯⋯⋯⋯⋯⋯⋯⋯⋯⋯⋯⋯⋯⋯⋯⋯088

4.1 競争と協調　088

4.2 知的財産をめぐるオープン戦略とクローズド戦略　089

4.3 業界標準をめぐるオープン戦略とクローズド戦略　091

第 **6** 章 **イノベーションの理論**⋯⋯⋯⋯⋯⋯⋯⋯⋯⋯⋯⋯⋯⋯⋯⋯⋯095

1 イノベーションとは⋯⋯⋯⋯⋯⋯⋯⋯⋯⋯⋯⋯⋯⋯⋯⋯⋯⋯⋯⋯⋯⋯095

1.1 新結合としてのイノベーション　095

1.2 プロセスとしてのイノベーション　096

1.3 イノベーションの定義　097

2 イノベーションのタイプ⋯⋯⋯⋯⋯⋯⋯⋯⋯⋯⋯⋯⋯⋯⋯⋯⋯⋯⋯⋯097

2.1 技術の革新性による分類　097

2.2 組織能力への影響による分類　097

2.3 顧客との関係による分類　098

2.4 イノベーションの分類の意義　100

3 イノベーションの動態　　　　　　　　　　　　　　　　　101

3.1 イノベーションの発生パターン　101

3.2 イノベーションの普及パターン　103

4 イノベーションの役割　　　　　　　　　　　　　　　　　105

4.1 経済とイノベーション　105

4.2 社会とイノベーション　106

4.3 企業経営とイノベーション　107

第 **7** 章　**製品開発プロセス**　　　　　　　　　　　　　　　　　111

1 製品開発プロセス　　　　　　　　　　　　　　　　　　　111

1.1 製品開発の実際　111

1.2 製品開発プロセス　112

2 製品開発マネジメント　　　　　　　　　　　　　　　　　115

2.1 ステージ・ゲート　115

2.2 ファジー・フロントエンド　117

2.3 製品開発における不確実性のマネジメント　117

3 製品開発とテクノロジー・マネジメント　　　　　　　　119

3.1 プロジェクト・ポートフォリオ　119

3.2 技術ロードマップ　121

第 **8** 章　**製品開発とマーケティング**　　　　　　　　　　　　125

1 製品開発における顧客志向　　　　　　　　　　　　　　　125

1.1 顧客志向とは　125

1.2 シミュレーションとしての製品開発　127

1.3 製品開発とマーケティングの関係　128

2 マーケティング・リサーチ　　　　　　　　　　　　　　　130

2.1 マーケティング・リサーチの重要性　130

2.2 さまざまなマーケティング・リサーチ　131

2.3 製品開発プロセスにおけるマーケティング・リサーチ　132

2.4 製品発売後のマーケティング・リサーチ　134

3 顧客価値の創造 ────────────────────────────────135

3.1 機能的価値と意味的価値　135

3.2 意味的価値の意義　136

3.3 意味的価値による顧客価値の創造　137

第 **9** 章 **製品開発の組織** ────────────────────────141

1 組織構造の類型 ─────────────────────────────141

1.1 製品開発の組織　141

1.2 機能別組織　142

1.3 プロジェクト組織　142

2 プロジェクト・マネジャー ──────────────────────143

2.1 プロジェクト・マネジャーとは　143

2.2 軽量級プロジェクト・マネジャー　144

2.3 重量級プロジェクト・マネジャー　144

3 組織設計に影響を与える要因 ──────────────────145

3.1 戦略と組織構造　145

3.2 顧客のニーズと組織構造　146

3.3 開発リードタイム　147

4 製品アーキテクチャが組織に与える影響 ──────────148

4.1 製品アーキテクチャ　148

4.2 製品アーキテクチャの分類　149

4.3 製品アーキテクチャと組織設計　150

5 機能間連携と開発の効率化 ──────────────────151

5.1 開発の効率化とは　151

5.2 コンカレント・エンジニアリング　151

5.3 フロントローディング　153

^第10^章 技術と組織間関係 ································· 155

1 / 技術と組織間関係 ································· 155

2 / 組織間の分業のマネジメント ················· 157

2.1 垂直分業と水平分業　157

2.2 製品アーキテクチャと分業構造　158

2.3 分業構造の決定基準　159

3 / 組織間の連携のマネジメント ················· 161

3.1 戦略的提携　161

3.2 オープン・イノベーションとは　162

3.3 プラットフォームのマネジメント　163

3.4 エコシステムのマネジメント　165

^第11^章 大量生産システム ································· 169

1 / 大量生産システムの特徴 ····················· 169

1.1 大量生産とは　169

1.2 標準化　171

1.3 工程における分業とライン化　172

1.4 機械化　173

1.5 同期化　174

2 / 日本型生産システム ························· 175

2.1 日本型生産システムの意義　175

2.2 日本型生産システムの技術的特徴　178

2.3 日本型生産システムの組織的特徴　180

2.4 日本型サプライヤーシステム　181

3 / 日本型生産システムの課題 ··················· 182

^第12^章 ソフトウェアの開発 ······················· 185

1 / ソフトウェアの役割と重要性 ················· 185

1.1 生活を支えるソフトウェア　185

1.2 企業活動を支えるソフトウェア　186

2 ソフトウェア開発の特徴——————————————190

　2.1 ソフトウェアの構造　190

　2.2 ソフトウェア開発の進化と特徴　191

3 ソフトウェア開発のプロセス————————————194

　3.1 ソフトウェア開発の段階　194

　3.2 ソフトウェア開発の V モデル　195

4 ソフトウェア開発の課題——————————————197

　4.1 ソフトウェア技術進化の展望　197

　4.2 ソフトウェア産業の展望　198

索　引————————————————————————203

イントロダクション

▶技術経営とは何か，どのような学問分野なのかについて学びます。
▶技術経営を学ぶ意義について考えます。
▶技術経営が扱う主な問題について概観します。

技術経営　経営環境　情報的経営資源　経営戦略　コア技術

1 学問領域としての技術経営

1.1 技術経営とは

　あなたは大学に通学するための電車に乗っています。スマートフォンをチェックしていると，友人からのメッセージ。今日から始まる「技術経営」の授業で，いきなり事前課題があるというのです。慌てて，学習管理システムで課題を確認していると，大学の最寄り駅に到着しました。ICカードを改札にタッチして駅を出たあなたは，駅前のコンビニで新製品をチェックします。新しいドリンクが発売されていたので，試しに買って，電子マネーで支払いを済ませました。

　あなたは大学に向かう道を歩きながら，今日の「技術経営」の事前課題のことを考えます。「家を出てから大学に着くまでの間にあなたが触れた『技術』を取り上げて，それらと企業経営がどのように関わっているか考えてきてください」。電車，スマートフォン，学習管理システム，ICカード，新発売のドリンク，電子マネー。どれにも技術が使われていることはわかります。

でも，それが企業経営とどのように関わっているのでしょうか……。

本書は，**技術経営**（management of technology：MOT）の入門レベルの教科書です。技術経営とは，企業や社会の便益を高めるために技術を積極的に創造・活用・制御しようとする組織的活動およびそれに関する知識体系ないし学問領域のことです。技術経営では，企業経営の視点から技術のあり方を考えたり，技術の視点から企業経営のあり方を考えたり，さらには，社会の視点から技術と経営との関係を考えたり，技術と経営の関係から社会のあり方を考えたりします。

具体的には，どのような製品や工程を開発することが企業間競争において自社を有利に導くか，多角化を進めるうえで自社の技術を活用できる事業は何か，世の中の動向を踏まえてどのような技術開発を進めるべきか，他社との連携において自社が担うべき範囲と他社に任せる範囲とをいかに定めるか，などの問題が，技術経営のテーマとなります。

技術経営と切っても切り離せない概念が，**イノベーション**（innovation）です。新たな技術の実用化や新たな製品の開発などは，イノベーションと呼ばれる現象に含まれますので，技術経営はイノベーションの創出を扱う学問でもあるといえます。ときには，技術経営はイノベーション・マネジメントとしばしば同義に扱われることもあります。なお，イノベーションについての詳細は，本書の第6章で説明します。

Column	技術経営とイノベーション・マネジメント

技術経営は，教科書のタイトル名においても，授業科目名においても，イノベーション・マネジメントとしばしば同義に扱われることがあります。技術経営の英文教科書は，たとえば，『技術とイノベーションの経営（the management of technology and innovation）』や『技術的イノベーションの経営（the management of technological innovation）』というようなタイトルを付けていることもあります（バーゲルマン・クリステンセン・ウィールライト［2007］；Dodgson, Gann and Salter［2008］）。なかには，『イノベーションの経営（managing innovation）』と「技術」という言葉を外した技術経営の教科書もあります（近能・高井［2010］；Tidd and Bessant［2013］）。本書も，技術経営とイノベーション・マネジメントとを区別して扱いません。

1.2 技術経営の成り立ち

　こうした技術経営という学問領域が生み出されたのは，1960 年代から 1980 年代にかけて，マサチューセッツ工科大学（MIT）やハーバードビジネススクールに設けられた科学技術マネジメントや研究開発マネジメントの講座，さらにビジネススクールのカリキュラムからだといわれます（延岡 ［2006］12 頁 ; Bright ［1964］）。とくに 1970 年代以降，アメリカ企業が，製造業において日本や旧西ドイツなどの海外企業との厳しい競争に直面したことが，技術経営の重要性の認識を高めたようです（ダートウゾス・レスター・ソロー ［1990］）。

　日本企業の実践から多くの示唆を受けながら主にアメリカ合衆国で発展した技術経営の考え方は，その後，日本に逆輸入されます。とくに，日本企業の国際競争力に陰りが見え出した 1990 年代になって広がり出し，2000 年代に入ってからは，経済産業省や文部科学省が積極的に技術経営の普及を促進し，国内に技術経営の大学院コース（MOT スクール）が多く生み出されました。

1.3 技術経営の主な関心

　技術経営の主たる関心は，企業や社会の便益のために技術をマネジメントすることです。したがって，技術予測，科学技術政策や技術選択への市民参加などもその議論の射程に入れることもありますが，経営学の一領域としての技術経営で主として議論されるのは，**企業経営**と技術に関わる諸問題です（図表 1 − 1）。

　それは，たとえば，技術変化やイノベーションのメカニズム，戦略と技術との関係および技術・製品戦略，技術・製品開発のための組織マネジメント，技術・製品開発プロセスのマネジメント，工程開発や製造のマネジメント，技術・製品開発とマーケティング・営業との調整，サプライチェーン・マネジメント，技術経営のための組織間関係の構築とそのマネジメント，特許や規制などの制度への対応，技術人材のマネジメントなどです。

図表1－1 ▶▶▶技術経営の主な関心と本書の扱う範囲

技術経営の関心

本書の関心 企業経営と技術に 関わる諸問題	● 技術予測 ● 科学技術政策 ● 技術選択への市民参加 ……

　本書では，これら企業経営と技術に関わる諸問題のうち，初学者にまず知ってもらいたい基本的な課題を取り上げます。詳しくは，第3節で述べます。

2 　技術経営を学ぶ意義

2.1 　現代企業の経営環境

　先進国における現代企業が直面している**経営環境**の特徴の1つは，グローバル化に伴う企業間競争のボーダーレス化とビジネス規模の巨大化です。とくに日本の製造業は，1970年代以降，強い**国際競争力**を誇っていたのですが，1990年代半ば以降は，業界によって明暗が分かれるようになってきました。

　たとえば，自動車産業などでは，いまだに強い国際競争力を有していますが，半導体やエレクトロニクスの分野などでは，かつてほどの国際競争力は見いだされなくなってしまいました。一方，化学などの素材産業分野でも，炭素繊維などでは国際競争力を保っていますが，ポリエステルなど差別化の難しい化学製品については国際競争力を失ってしまいました。

　日本の製造企業の国際競争力の部分的喪失には大きく2つの要因が関わっています。1つは，中国などの新興国の国際競争力の急伸です。原材料費や人件費などの資源コストや環境対策などの管理コストの違いもありますが，設備の規模や新しさ，成長市場への近さなども関係していると考えられます。

　日本企業の国際競争力を脅かしているもう1つの要因は，**デジタル情報通**

信技術（information and communication technology：**ICT**）分野での立ち遅れです。ICT は，海外企業との取引を容易にしたり，ビジネスのサービス化を促進したりするなど取引関係を大きく変えています。また，とりあえず早く商品化して後から品質改善する（ソフトウェアのアップデートなど）といったように，ICT は品質管理の考え方も変えてしまいました。

その結果，日本企業の国際競争力の主な源泉であった企業内外での継続的で密接な連携が有効に働きにくくなっているのです。また，グローバル規模での事業システムの構築や失敗を恐れない迅速なビジネス機会への進出などにおいて，文化的に同質的・閉鎖的な多くの日本企業は欧米やアジアのリーディング企業の後塵を拝しているようです。

そのほか，現代企業が直面している経営環境の特徴としては，国際関係の流動化に伴うリスクの増大，企業に短期的収益性の向上を求める株主圧力の強まり，グローバルな企業間連携の増加，地球環境保全への社会的関心の高まり，人工知能やゲノム編集などの新たな技術の出現とその商業化に関する倫理問題なども挙げられます。

他方で，世界中を見渡せば，いまだ満たされていないニーズは尽きるどころか，むしろ増えているといえるでしょう。たとえば，発展途上国の，あるいは先進国にも存在する，貧困層に区分される人々は，**BOP**（base of the [economic] pyramid）と呼ばれます。何十億人もいるともいわれるこれらの人々の所得が少しでも増えれば，そのたびに巨大な市場が現れます。これらの人々の，その時々の所得水準に合わせた事業を考えれば，**事業機会**が尽きることはないでしょう。

あるいは，高齢化が進むことでも新たな事業機会が生まれてくると思われます。省資源化や省エネルギー化，安全性の向上なども潜在的な事業機会の宝庫だといえます。企業がこうした事業機会をうまく摑んで事業化を成功させ，その成果配分を適切に行えば，市場の拡大がさらに進み，新たな事業機会が持続的に生み出されることと思われます。以上のように，現代の日本企業は，多岐にわたり変化している厳しい経営環境にさらされています（**図表1－2**）。

図表 1－2 ▶ ▶ ▶ 現代の日本企業の経営環境

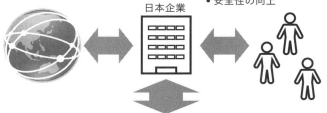

国際競争力の部分的喪失
- 新興国の国際競争力の
  急伸
- ICT分野での立ち遅れ

日本企業

事業機会
- BOP
- 高齢化
- 省資源化／省エネルギー化
- 安全性の向上

変化する経営環境
- 国際関係の流動化に伴うリスクの増大
- 株主圧力の強まり
- グローバルな企業間連携の増加
- 地球環境保全への社会的関心の高まり
- 新たな技術の出現とその商業化に関する倫理問題

2.2 経営環境の変化と技術経営

　前述のように現代企業の多くはグローバル競争の下にあり，何もしなけれ
ば生き残れない状況となっています。つまり，提供する製品やサービスを，
顧客ニーズの変化や競合の動向，制度的変化，その他の環境変化に対応して，
あるいは自らそれらの変化を先取りして，変えていかなければならない状況
にあります。これは，イノベーションへの対応やイノベーションの創出が必
要だということを意味します。そして，その余地ともいえる潜在的な事業機
会はまだ十分に残されています。

　ただし，イノベーションが企業にとって利益を生み出すには，一定期間，
安定的な事業活動が続かなければなりません。いいかえると，イノベーショ
ンによって生み出された差別化は，一定期間以上，持続することが必要だと
いうことです。そのためには多くの顧客に長く受け入れられるだけでなく，
競合にすぐに模倣されたり代替されたりしないことが望まれるのです。

　ここに技術経営が関わります。技術は，さまざまな顧客価値を満たすうえ
で必要になりますし，その獲得や創造には，相当の努力や時間が必要になり

ます。したがって，技術が絡んだイノベーションは，顧客を喜ばせ，競合との差別化を生み出し，それを一定期間持続させることができます。

また，技術は，次章でも述べるように，使い減りしない，むしろ使うことでさらに発展する可能性のある**情報的経営資源**（伊丹・加護野［2003］）なので，複数の製品に適用できたり，次世代の製品にも利用できたりします。したがって，技術を戦略的に，組織的に，創造・活用・制御する技術経営が，現代企業の生き残りや発展に大いに寄与するといえるのです。

製品の差別的価値に技術がいかに関わっているのかを具体例で考えてみましょう。たとえば，自動車の場合，走行性能や安全機能などを支えているのは，明らかに技術です。とくに近年では，各種制御の電子化が進み，コンピュータや通信の技術が自動車にも多く使われるようになっています。

他方で，車体スタイルなどは技術よりもアートが問題ではないかと思う人がいるかもしれません。しかし，設計したスタイルに必要な形に鋼板をプレス加工するには，高い水準の技術が必要となります。さらに，好みの違いに合わせた多様なモデルや新たな世代のモデルを，顧客の手が届く価格で作ろうとすれば，ムダを徹底的に排除しつつもフレキシビリティを備えた**大量生産システム**が必要となります。第11章で詳しく論じるように，このような大量生産を実行するにも，それに関わる技術が必要となります。

そのほかにも排ガス規制などの法規制に合わせるための技術，モジュール化などコストとフレキシビリティを両立するための設計に関わる技術なども含め，さまざまな技術が組み合わされることで，自動車という製品の持続的な差別化が実現しているのです。

2.3 誰がなぜ技術経営を学ぶべきなのか

これまで述べてきたように，現代の企業経営のあり方や戦略を考えるにあたって，イノベーションや技術の問題を避けることはできません。とくに製造業に携わる者が，企業経営について考えよう，あるいは経営学を修得しようとするのであれば，技術経営を学ばずには済まないのです。

また，技術経営を学ぶ意義は，製造業に関わる者だけに限ったことではありません。たとえば，小売業では，販売する商品の魅力を高めることが大事です。そこで近年，大手小売チェーンでは，トップバリュ（イオン系列）やセブンプレミアム（セブン＆アイ系列）などの**プライベート・ブランド（PB）**の商品の開発に力を入れ，メーカーとの共同商品開発も積極的に行っています。

　その他のサービス業でも，イノベーションや技術は，決して他人ごとではありません。多くのサービスは，デジタル情報通信技術（ICT）を使うようになっており，それがサービスの利便性を左右するほどになってきています。

　たとえば，交通機関でも運行管理，安全管理のみならず予約や改札，その他のサービスにもICTが活用され，その範囲が拡大しています。人の手による心のこもったサービスが変わらず重要な分野は多くありますが，そういう領域でも技術の活用は今後ますます必要となるでしょう。たとえば，医療や介護において，ヒューマンエラーを防止したり，身体能力を補ったりするには，ICTやロボットの技術の活用拡大が期待されます。

　官庁や学校なども，サービスの提供を行う機関であり，同様にイノベーションや技術と無縁ではありません。また，投資をする金融機関も，自社が使う技術やそのイノベーションだけでなく，投資先の企業が関わるイノベーションや技術にも理解をしなければ正しい投資ができないことになります。規制機関もまた同様に規制対象の産業のイノベーションや技術の動向を知らなければなりません。

　したがって，どのような仕事に就くにしても，現代において技術経営の知識は決して不要なものではなく，それを理解することで，仕事の質を向上させることが大いに期待されます。

3 / 本書が扱う技術経営の諸問題

3.1 ▶ 技術と経営

　本節では，本書が扱う技術経営の問題を概観し，本書の構成を説明します。技術経営を論じるうえで，まずは，技術とは何か，経営とは何かを理解し，定義しておかなければなりません。前述のように，本書は企業経営との関わりにおける技術経営を扱うので，経営については企業の経営を，技術についても企業が関わる技術を扱うことになります。しかし，それらがどういう概念的位置づけにあるのかも知っておく必要があります。つまり，経営，組織，企業，経営環境といった概念について，それらをどのように捉え，それらはどのような関係にあるのかを理解する必要があります。

　また，それらを構成する下位概念についても理解しておく必要もあります。たとえば，技術という概念の下位概念には何があり，それらは各々どのような内容の概念なのかについての理解などです。これらは，第2章で扱います。

3.2 ▶ 経営戦略と技術経営

　企業経営との関わりにおける技術経営を考えるうえでは，企業活動の基本を知る必要があります。そこで重要になるのが**経営戦略**です。企業は変化する経営環境の中で，組織として一貫性をもって企業活動・事業活動を展開する必要があります。そのための長期的な基本設計図として，あるいは目指す方向への変革のシナリオとして策定されるものが経営戦略です（伊丹・加護野 [2003]）。

　経営戦略には，企業が営む事業それぞれに関する競争戦略（事業戦略）と，企業全体として事業の構成を考えたり各事業への資源配分を決めたりする企業戦略があります。技術経営は，こうした競争戦略や企業戦略と結びつけられなければなりませんが，それは競争戦略や企業戦略に従って技術経営を考

えることだけでなく，技術経営の視点から競争戦略や企業戦略も考えることを意味します。

たとえば，競争戦略では，競合の製品よりも自社の製品のほうが顧客にとって魅力的になるよう，つまり競争優位に立つことを目指します。しかも，それを持続的に成し遂げなければなりません。それを可能にする要因の1つが，顧客価値につながる独自の模倣・代替困難な技術です。こうした技術を**コア技術**といいます。コア技術は競争戦略において，持続的競争優位をもたらす要因だといえます。また，コア技術は，企業戦略において事業構成や資源配分を考えるときの極めて重要な考慮事項でもあります。

しかし，他方で，コア技術は事業活動から得られるものです。また，その獲得や蓄積には，研究開発や技術導入などの投資も必要です。つまり，どのようなコア技術をもつかということは，競争戦略や企業戦略の実行から得られるものであり，また，何の技術に投資するかの主体的選択から得られるものです。

このように，コア技術は経営戦略を考えるうえでの重要な要因であると同時に，コア技術の形成は経営戦略によって大いに影響される要因でもあるのです。本書の第3章では競争戦略の基本を学び，第4章では，競争戦略や企業戦略（企業戦略の中でもとくに多角化戦略）とコア技術との関係について学びます。

3.3 技術と制度

技術と経営戦略の関係を考えるうえで，考慮しなければならないのは，技術に関連する制度の存在です。たとえば，技術関連の**法規制**，**知的財産**に関する法制度，さらに**業界標準**などは，企業による技術経営の活動を，一方で制約するとともに，他方で擁護・促進します。

たとえば，製品安全に関する法律は，それに対応するための費用を企業に課しますが，他方で企業が提供する商品への顧客の安心感を高め，安定した購買意欲を導きます。

　また，特許は，他社開発の技術利用に対しては制約や費用をもたらしますが，自社開発の技術については，その占有を一定期間認めることで，開発投資の回収機会を作り出し，技術開発へのインセンティブを確保します。

　そして，業界標準も，後発企業にとっては与件として制約となって立ちはだかる一方で，事実上の業界標準を生み出した企業にとっては，持続的な競争優位の獲得につながる可能性があります。

　こうした，技術と制度の問題について，とくに企業間の競争優位に直接的に関わる知的財産と業界標準を取り上げて，第5章で詳しく説明します。

3.4 イノベーション

　イノベーションとは，平たく言うと，さまざまな要素を組み合わせて目新しい商品や制度などを作り出し，それによって経済的価値を生み出すことです。企業が持続的競争優位の獲得のために技術を活用して製品やサービス，ビジネスモデルなどの差別化を図る場合，新しい要素の組み合わせを伴うことが通例です。つまり，競争優位のための差別化が，何らかのイノベーションを伴います。

　このため，イノベーションは技術経営の主要目的だとみなされます。安定的な生産やサービスの提供なども同様に重要な技術経営の目的なのですが，一般的な関心の高さからすると，イノベーションには及びません。

　また，イノベーションは，広い概念であり，そのダイナミクスを理解したり，その追求のためのマネジメントを論じたりする際に，さまざまなタイプに分けることが必要になります。

　たとえば，「抜本的（radical）イノベーションか漸進的（incremental）イノベーションか」，あるいは「能力破壊型イノベーションか能力発展型イノベーションか」，「破壊的イノベーションか持続的イノベーションか」というような分類がなされています。これらのタイプの異なるイノベーションの間には，それぞれに特徴的な人や資源の相互作用のパターンが観察されます。それぞれを促進するマネジメントには違いがあります。

さらに，イノベーションは，各企業の競争優位に対して貢献するだけではなく，経済発展や社会変化を引き起こします。たとえば，テレビや冷蔵庫，洗濯機などの家庭用電器製品のイノベーションは，一方で日本の高度経済成長をもたらし，他方で日本人の生活習慣を大きく変えました。

　逆に，経済的諸条件や社会的諸条件が，イノベーションの成否を左右することもあります。たとえば，マラリアなど貧しい地域に多い病への治療薬の開発は高血圧症など豊かな国に多くみられる病の治療薬の開発と比べると遅れ気味ですし，女性化粧品については男性化粧品よりもはるかに多くの新製品開発がなされています。

　このように，イノベーションに関するさまざまな知識は，技術経営を考えるうえで極めて多くのヒントをもたらしてくれます。イノベーションについては本書の第6章で詳しく論じます。

3.5 製品開発のプロセス

　激しい競争下にある企業にとって，最も関心の高い技術経営の問題が製品のイノベーション，すなわち**製品開発**です。単に，新たな製品を技術的に作り出すだけではなく，どのような製品をどのような顧客に提供するかを考え，その実現を通じて顧客価値を創り出す企業活動こそが，製品開発です。製品は，企業にとって顧客との取引を実現し，収入をもたらす生命線です。製品開発は，生命線をどこに引くかを決めることであるため，技術経営のテーマの中でもとくに重要なのです。

　ここで対象となる製品は，必ずしも形ある物とは限らず，企業によっては，ソフトウェアであったりサービスであったりすることもあります。その意味では「商品」と呼んだほうが良いかもしれませんが，慣用的な用語法との一貫性を保つため，本書では，顧客に提供する対象を「製品」と呼ぶことで統一します。

　本書の第7章では，一般的にはあまり馴染みのない製品開発のプロセスについて仮想例を用いながらわかりやすく説明します。そのうえで，製品開発

プロセスのマネジメントについて，いくつかの手法の紹介も交えて，その要点を説明します。

　こうして開発される製品は市場で顧客に購買されなければ，企業目的を達成できません。開発した努力も報われません。そこで，顧客による購買の確実性を少しでも高めようとする企業活動が，マーケティングです。顧客を見極め，そのニーズに向けた製品開発を図ること，つまり**顧客志向**の製品開発は，マーケティングの重要な局面となります。そのために必要となる，顧客を見極め，顧客のニーズを把握する活動をマーケティング・リサーチと呼びます。このように，製品開発とマーケティングとは切っても切り離せない互いに不可欠な活動なのです。

　要するに，製品開発プロセスは，マーケティング活動と組み合わさって，ともに顧客価値を創造するプロセスです。したがって，開発中の製品によって，どのような顧客価値を創造しようとするのかを考えることが根源的に重要になります。第8章では，こうした製品開発とマーケティングとの絡み合った関係について1つずつ紐解きながら解説します。

3.6 製品開発の組織

　企業における製品開発は，多くの人々からなる組織によって担われます。多くの場合，製品開発には，さまざまな技術的専門知識，市場に関する知識，制度に関する知識などが必要となるため，異なる専門職能をもった人々の間で分業がなされます。そして，それぞれの職能の努力を目的である製品の開発に向けて統合するために，組織的な調整が行われます。

　この分業と調整のための仕組みの1つが組織構造です。製品開発組織においては，知識・能力の専門性への配慮と製品としての統合性への配慮の両方が要求されます。ただし，どちらへの配慮をより優先すべきかについては，製品の技術的特性や市場的特性によって異なります。また，開発組織においてどのようなリーダーシップが求められるかについても同様に，技術や市場の状況への考慮が求められます。

市場の特性は顧客ニーズのタイプや開発に許される時間の長さなどで把握されますし，製品の特性は製品を構成する部品間の関係（製品アーキテクチャ）などで捉えられます。第9章では，どのような開発組織の設計が適しているのか，また，どのような組織のマネジメントが製品開発パフォーマンスの向上に役立つのかについて学びます。

また，今日の高度化，複雑化，連動化が進む製品開発については，1つの企業のみで開発プロセスが完結しないことも一般的になってきました。たとえば，1台の車を作るにも，鋼板や塗料などの素材メーカー，多岐にわたる機械部品それぞれに携わる部品メーカー，多様な機能の制御に用いられるマイクロ・コンピュータや電子部品のメーカーなど，多くのサプライヤー（部品・材料の供給企業）が関わっています。したがって，今日の製品開発を考えるうえで，**組織間関係**への考慮を欠くことはできません。

他社との分業をどのようにすべきか，何を任せて何を任せないか，どのような関係を築くか，さらには競合企業をも含んだビジネスにおけるエコシステム（生態系）をいかにマネジメントするかなど，技術と組織間関係についての議論は，本書の第10章で行います。

3.7 物とソフトウェアの大量生産

企業の技術経営にとって製品開発は重要ですが，開発した製品は顧客に購買されてはじめて価値を生み出します。前述したようにイノベーションは変化だけでなく一定期間以上の安定的な生産やサービス提供を伴うことで利益を生み出します。つまり，1回限りの購買だけでなく，顧客がそれに満足し，継続してその企業から製品を購買してもらうことが必要なのです。

そこで，とくに裕福でもない多くの一般の人々にとって満足をもたらすには，実用において十分な品質と，必要とする皆に行き渡る多くの数量と，彼らが妥当だと思って支払える価格を実現しなければなりません。それを可能にする仕組みが，大量生産システムです。本書の第11章では，大量生産システムの基本的な特徴と，その派生型の1つで高い効率とフレキシビリティ

の両立を可能にした日本型生産システムについて論じます。

　最終章の第12章では**ソフトウェア**の開発について論じます。現代の企業活動はデジタル情報通信技術（ICT）によって大いに支えられています。ICTの制御を司っている技術はソフトウェアです。したがって，現代の技術経営を考えるうえでソフトウェアの開発は極めて重要な問題だといえます。

　ソフトウェアの開発と物の開発とは類似する点もありますが，異なる点もあります。たとえば，素材に縛られず大量生産や大量分配（あるいは大量コピー）が極めて高速かつ極めて低価格で実現できます。本質的に記号体系であるソフトウェアの開発はその生産と表裏一体であるといえます。不具合の原因は生産（コピー）時ではなく設計時にあることが大半です。設計の可視性は低く，その問題をみつけるのに，全員参加の品質管理は必ずしも役に立ちません。

　このように，現代の技術において極めて重要な位置にあり，物の開発とは異なる側面をもつソフトウェアの開発については特別に論じておく意義があります。第12章では，企業活動におけるソフトウェアの役割を説明するとともに，社会で必要とされる大量のソフトウェアの開発プロセスやそのマネジメントについて説明します。

　以上のように，本書は，技術経営の課題をすべてカヴァーするものではありませんが，企業経営に関わる技術経営を学ぼうと考える初学者に，その最も基本的な見方や考え方を学ぶうえでの指針となることを目指すものです。

　好きな企業を選び，その企業の活動に関係していると思われる技術経営の問題を 10 個以上，書き出してみましょう。

1.　Working で作成した問題リストの妥当性について，教員や他の学生と議論しましょう。
2.　将来，経営実践や経営学において，技術経営の意義はますます重要になると思うか思わないかについて，それぞれ理由をつけて，他の学生と議論しましょう。

▶▶▶さらに学びたい人のために ────────────

●バーゲルマン，R. A.・クリステンセン，C. M.・ウィールライト，S. C. 著，青島矢一・黒田光太郎・志賀敏宏・田辺孝二・出川通・和賀三和子監修，岡真由美・斉藤裕一・櫻井祐子・中川泉・山本章子訳［2007］『技術とイノベーションの戦略的マネジメント（上・下)』翔泳社。
●丹羽清［2006］『技術経営論』東京大学出版会。
●延岡健太郎［2006］『MOT［技術経営］入門』日本経済新聞社。

参 考 文 献

●伊丹敬之・加護野忠男［2003］『ゼミナール経営学入門（第 3 版)』日本経済新聞社。
●近能善範・高井文子［2010］『コア・テキスト　イノベーション・マネジメント』新世社。
●ダートウゾス, M. L.・レスター, R. K.・ソロー, R. M. 著，依田直也訳［1990］『Made in America ─アメリカ再生のための米日欧産業比較』草思社。
●延岡健太郎［2006］『MOT［技術経営］入門』日本経済新聞社。
●Bright, J. R.［1964］*Research, Development, and Technological Innovation: an Introduction,* Irwin.
●バーゲルマン，R. A.・クリステンセン, C. M.・ウィールライト，S. C. 著，青島矢一・黒田光太郎・志賀敏宏・田辺孝二・出川通・和賀三和子監修，岡真由美・斉藤裕一・櫻井祐子・中川泉・山本章子訳［2007］『技術とイノベーションの戦略的マネジメント（上・下)』翔泳社。
●Dodgson, M., Gann, D. and Salter, A.［2008］*The Management of Technological Innovation,* Oxford University Press.
●Tidd, J. and Bessant, J.［2013］*Managing Innovation (5th Edition),* Wiley.

第 **2** 章 **技術と経営**

Learning Points

▶技術経営で扱う技術とは何かについて学びます。
▶技術経営で扱う経営とは何かについて学びます。
▶技術と経営，社会を併せて考えることの意義について学びます。

Key Words

技術の体系　経営・組織・環境　競争戦略の4C　技術・経営・社会

1 技術とは

1.1 技術の定義

　世の中には**技術**と呼ばれるものがいろいろあります。運転の技術，バッティングの技術，演奏の技術，モノづくりの技術，恋愛の技術……。このように使われる技術という言葉に共通することは，「何か達成の難しいことを確実に果たすための手段である」ということです。何も考えず練習もせず誰でもうまく目的が達成できるなら技術とはいわないでしょう。

　そこで本書では，技術を，「何らかの行為に何らかの目的があり，その達成が困難な状況において，その目的を達成することをより確実にする手立て」として定義します。別の表現でいいかえると，技術とは，「ある行為の目的の達成が不確実な状況において，それをより確実に達成するための諸手段」です。

1.2 技術の体系

　技術には具体的にどのようなものがあるのか考えてみましょう。たとえば，グラウンドに長方形の白線を引くというような単純な例を取り上げてみます。それを実現するには，長方形の特性，三平方の定理，メジャー，糸，白線引きの道具，石灰など，知識や道具や素材が必要になることがわかります。これらは，グラウンドに長方形の白線を引く技術の構成要素になると考えられます。

　また，それだけ知識や道具を用意しても，まっすぐに上手に白線を引ける人と，曲がりくねったりムラができたりと下手くそな線しか引けない人がいます。つまり，まっすぐに線を引くにもコツがあるのです。こうした人がもっているコツを**技能**といいます。

　技能には，熱せられた鉄がどんな色のときに加工したらいいのか，料理がどんな色や香りになったときに火を止めたらいいのか，診断においてどんな心音が聞こえたら何の病気が疑われるのかなど，など手足に加え五感も大いに関わります。そして，こうした技能は，言葉だけでは伝えきれるものではなく，各人が熟達者とともに経験の場を重ねることで体得していくものです。

　もちろん，技能だけで技術は成り立ちません。白線引きの例でも単純ですが道具も必要ですし，三平方の定理を使ってメジャーで直角三角形を作って直角を導くという数学知識の利用も役立ちます。現代のように，社会が直面する課題が，大量，高速，強力，複雑，危険になればなるほど，つまり高度で困難な課題になればなるほど，こうした道具や機械，科学知識の活用が技術において不可欠になります。

　道具や機械など人工物に組み込まれた技術を**客体的技術**，科学知識に基づき言語で表現可能な技術を**工学知識**と呼びます。さらに，機械の操作方法のように，科学的な原理を知らなくても言語で伝達可能な技術知識もあります。これらの工学知識や操作方法など言語で表現可能な技術知識をまとめて**客観的技術**と呼びます。

　このように，技術は，何らかの目的の達成を確実にするために必要とされ

図表2－1 ▶▶▶技術の体系

技術：人間行為の目的達成をより確実にする手段		
技能 （例）巧みな操作のコツ	客観的技術 （例）機械工学	客体的技術 （例）機械・道具
上記3要素の適切な組み合わせ		

る技能，客観的技術，客体的技術の組み合わせであり体系であるといえます（**図表2－1**）。

1.3 製品技術と工程技術

冒頭に述べたように技術にはいろいろありますが，本書は，企業の技術経営を論じるので，企業が用いる技術，その中でも企業が製品として売る製品やその生産に関わる技術を主に扱います。このとき，製品そのものに組み込まれる技術のことを**製品技術**といい，製品を生産するための技術を**工程技術**といいます。工程技術は，生産技術あるいは製造技術と呼ばれることもあります。

ところで，ある企業の工程技術を構成している機械が，他企業の製品であることがよくあります。その機械は，製品技術でしょうか。それとも工程技術でしょうか。

たとえば，自動車工場では多くのロボットが稼働しています。ロボット製造企業からみれば，これらのロボットに組み込まれている技術は製品技術ですが，それを使う自動車製造企業からみれば，それらは工程技術の一部です。このように，何かの技術が製品技術なのか工程技術なのかは，それを作る立場にあるのかそれとも使う立場にあるのかによって決まります。

1.4 ハードウェアとソフトウェア

コンピュータが出現すると，機械の制御が，機械そのもののメカニズムか

ら切り離されて，電子的に制御されるようになりました。制御のための命令
（コマンド）は，機械設計とは別に，プログラミング言語で記述されるよう
になりました。機械のほうは，コンピュータからのコマンドのとおりに反応
できるように，一定の範囲内で自由に動けるように設計・製造されるように
なりました。

　たとえば，ロボットなどでは多くの関節とそれぞれに小さなモータが埋め
込まれて，コマンド通りに複雑な動きが円滑にできるように作られています。
こうして，コンピュータを使うようになって，機械は，実際の加工などを実
現する**作業系**やそのために必要な運動エネルギーを供給する**動力系**，動力系
から作業系へ力や運動を伝える**伝達系**などの物理的な部分と，それらの動き
を指令するプログラミング言語のコマンド体系のような記号的な部分とに分
かれるようになりました。また，物理的部分のことを**ハードウェア**，記号的
部分のことを**ソフトウェア**と呼びます。

　従来の技術経営では，主にハードウェアとソフトウェアとを一体のものと
して論じることが多かったのですが，コンピュータが普及した現代において
は，ソフトウェアならではの技術経営にも目を向ける必要があります。そこ
で，本書では第 12 章で，製品ないし工程として扱われるソフトウェアの開
発についてもみることにします。ただし，技術として機能するには，ハード
ウェアとソフトウェアが組み合わされなければならず，その点も忘れてはな
らないことを注意点として付け加えておきます。

2 ╱ 経営とは

2.1 ▸ 経営の定義

　本書では**経営**を，「組織が，その構成員間の協働を有効かつ効率的に行い，
組織を取り巻く環境との間で資源のやりとりを有効かつ効率的に行うことで，
組織の目的達成とその存続を目指す営み」と定義します。ここで，注意すべ

きことは，経営が経営者の仕事であるとともに，経営者以外の構成員の仕事でもあるということです。経営者は経営を主たる仕事とする者ですから経営に欠かせませんが，経営者だけで組織の経営はできません。中間管理者や一般の構成員もそれぞれのレベルで経営のための仕事をこなさなければいけないのです。

　また，経営において重要なことは**有効性**（effectiveness）と**効率**（efficiency）です。有効性とは，目的達成への度合いであり，行っていることが組織の目的からみて正しい方向に向かっているかどうかということです。効率とは，同じことを実施するのにどれだけ時間や資源を節約できているかの度合いです。組織が目的達成に向けてもっている時間や資源は限られていることが通例なので，それらの節約は大事なことになります。しかし，いくら時間や資源を節約しても，目的の方向に向かっていないならば意味はありません。有効でなければ効率的であっても意味はないのです。

　ただし，変化する経営環境のもとで，何が有効であるかということは，実際には簡単にわかることではありません。そこには不確実性があるのです。そうした状況下では，ある行いが有効かどうかはわからなくても試してみるという試行錯誤のプロセスが重要になります。そのとき，同じ結果が出せるのであれば効率的に行うことの意味は大きいのです。時間や資源を節約することで，多くのチャレンジを可能にするからです。最終的に有効かどうかはわからなくても，企業が何か行動を起こすなら，それを効率的にすることはとても大切なのです。

2.2　組織とは

　これまでとくに説明なく**組織**という言葉を使っていましたが，組織とは何を指すのでしょうか。組織が人の集まりであることはわかっていると思います。組織を構成している人のことを構成員，あるいは組織成員と呼びます。では，組織は単に人の集まりというだけでしょうか。

　街中の待ち合わせ場所などにも多くの人々が集まっていますが，これらの

人々を組織と呼ぶことはありません。組織とは，単に人の集まりというだけではなく，それらの人々が何らかの**共通の目的**をもって，大抵は役割分担をしたうえで協働するものです。人々はそれをわかったうえで**協働する意志**をもって組織に参加します。ただし，実際の組織内における具体的な協働は，自発的に生み出されることもありますし，組織のルールやパワー関係によって半ば強制的にもたらされることもあります。また，多くの人々が有効に効率的に協働するためには，互いの行動の調整が図られなければならず，そのためには**コミュニケーション**が必要となります。

　組織の典型は，企業ですが，それ以外にも，課外活動のクラブ，学校，病院，官庁，ボランティア団体なども組織です。また，組織の中にもさらに組織があります。たとえば，企業の中に，事業部や機能別の部門のような組織があったり，さらにそれらの部門の中にもグループやチームなど，さらに細分化された組織があったりします。このように大きな組織は，うまく経営するために，階層的な**組織構造**をもっていることが一般的です。

　階層上位の組織の下には複数の下位組織があり，それらは，それぞれに上位組織の目的をブレークダウンした下位目的をもって，その達成や組織の存続を目指します。下位の組織にとっては，上位の組織は最も重要な環境の1つとなり，そこから活動に必要な経営資源の提供を受けながら，下位目的の達成を通して上位組織に貢献します。

　他方で，組織が集まって組織を構成する場合もあります。典型的なものが業界団体です。各企業が政府などと交渉するうえで，業界としての発言力を増すという共通目的のもとで，日頃市場で競争している競合企業と一緒に結成する組織です。各企業にとっては，業界団体も1つの環境であり，会費を納めたり人を拠出したりする一方で，業界団体の力によって自社も含めた業界にとって有利な政策を勝ち取ることができるのです。

　なお，組織は共通目的をもった個人や組織から成り立ちますが，組織を構成する個人や組織は，それぞれ固有の目的や利害関心も併せ持ちます。したがって，組織の中では，構成員間や構成組織間で**コンフリクト（対立）**が発生することも珍しくありません。組織を存続させるためには，こうしたコン

フリクトから生じる組織のエネルギー（たとえば競争意識による向上努力など）や多様なアイデアを利用して組織の活性化を図りつつ，他方で対立する個人や組織のコミュニケーションや利害調整を図ることで，組織が崩壊しないようにコントロールすることが大切となります。

2.3 組織と環境

　組織は，組織を取り巻く環境（**経営環境**とも呼ばれます）と資源（**経営資源**とも呼ばれます）をやりとりして目的達成や組織存続を図ります（**図表2－2**）。このとき組織を取り巻く環境とは，ひとまとまりのものではありません。たとえば，本書で主に扱う企業という組織の場合，その環境には，製品を売る製品市場，組織の構成員を求める労働市場，原材料を仕入れる原材料市場，資金を調達するための資本市場などが含まれます。政府や地域住民などもまた企業にとっての環境です。このように，一言で経営環境といって

図表2－2 ▶▶▶企業の経営環境

図表2－3 ▶▶▶情報的経営資源と事業活動

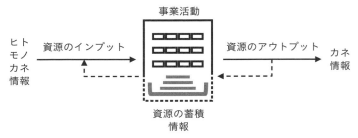

出所：伊丹・加護野［2003］36頁をもとに筆者作成。

も，それを構成するのは多様な制度や組織との関係であって，経営において
は，それぞれの関係について考慮し，対応する必要があります。

　組織が，環境を構成する多様な制度や組織との間でやりとりする経営資源
には，才能や労働力（ヒト），原材料や道具・機械（モノ），資金（カネ），
情報などがあります。企業の場合，環境との間での経営資源のやりとりを具
体的にみてみると，製品市場では顧客との間で製品と代金を交換し，労働市
場では労働者との間で労働力と賃金を交換し，原材料市場では供給業者との
間で原材料と代金を交換し，資本市場では金融業者や投資家との間で資金
（現在のカネ）と債券や株式など（将来のカネ）との交換をしています。

　さらに，経営資源の動きを流れでみると，企業は，資本市場から調達した
資金で，労働力，原材料，機械などを各市場で買い入れ，それらを企業内で
組み合わせて製品を生み出し，それを製品市場で顧客に販売して資金を回収
し利益を上げることで，企業の目的を達成し存続を図っています。このほか，
こうした企業の事業活動には，技術や信用，ブランドなど，目にはみえない
情報としての経営資源も関係します。これらは**情報的経営資源**と呼ばれるこ
ともあります。情報的経営資源は，ヒト，モノ，カネという他の経営資源と
同様に事業活動につぎ込まれ，他方で事業活動の経験から新たに獲得され，
企業内に蓄積されます（**図表2－3**）。

　また，企業は政府との間でも，政府が提供する公共サービスの恩恵を受け
ながら事業活動を行い，その事業から得られた利益から一定の法人税を支払

います。これもまた，公共サービスと税金の交換という資源のやりとりとみることができます。なお，政府には，企業の製品を購入する顧客としての一面もあります。以上のように，組織を取り巻く環境には，さまざまな制度や組織が関係しており，組織はそれらとの間でさまざまな資源をやりとりしています。そして，そのやりとりを通して目的の達成や存続を図っているのです。

2.4　競争戦略の4C

　組織が，それを取り巻く経営環境とその変化のもとで，目的達成と存続のために，どの方向に進むべきかについての長期的かつ包括的な指針となるのが**経営戦略**です。とくに複数事業を保有する企業の場合，事業ごとに経営環境は異なるため，経営戦略を，企業全体としての**企業戦略**と個々の事業に関する**競争（事業）戦略**に分けて考える必要があります。

　競争戦略について詳しくは第3章で説明しますが，それを考えるうえでの基本的な枠組みとなるものとして，**競争戦略の4C**と呼ばれるものがあります。競争戦略の4Cとは，自社（company），顧客（customers），競合企業（competitors），連携企業（collaborators）の頭文字がCであることから名づけられた枠組みです（**図表2-4**）。

　事業が成立するには自社と顧客との間で製品の売買が継続的になされなければなりません。しかも，そこから企業の目的あるいは存続の必要条件として利益が生まれなければなりませんが，そのためには，競合企業との競争において，顧客に自社が選ばれることに加えて，**持続的競争優位**に立つことで，価格設定においても強い交渉力をもつことが重要になります。また，競合に対して持続的競争優位に立つためには，自社の経営資源のみならず，それを補完する連携企業の経営資源を併せることも有効な手段です。

　ただし，持続的競争優位をもたらすうえで自社にも独自で決め手となる貢献がなければ，せっかくの利益も連携企業にもっていかれてしまいます。連携を維持してもらうために相手の言い値で分け前を渡さなければならないな

図表 2 − 4 ▶▶▶ 競争戦略の 4C

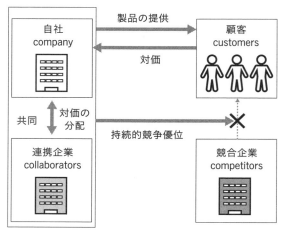

出所：延岡［2002］59 頁をもとに筆者作成。

ら，手元に残る利益は消えてしまうからです。したがって，連携企業に対しても契約条件を決めるうえで強い交渉力をもてるよう競争優位を導く独自の能力が必要となります。

　このように，企業組織が競争的な経営環境のもとで事業から利益をあげ生き残っていくためには，競争戦略の 4C を常に考えてマネジメントすることが重要になります。また，変化する経営環境のもとで企業として存続するには，**事業構成**や**資源配分**についても適宜見直すことが必要です。企業戦略の立案は，そうした見直しの良い機会となります。企業戦略は事業の多角化にも深く関わります。多角化については第 4 章で詳しく説明します。

3 技術と経営

3.1 経営の視点から技術を考える

　技術経営という考え方は，以上に述べた技術と経営との関係から理解する

ことができます。ただし，その関係はいくつかの異なる方向性の合成から成り立っています。その1つが，経営の視点から技術を考えるということです。技術は，情報的経営資源の1つです。また，技術の体系において技能と呼ばれる側面については，ヒトという経営資源に体化していますし，客体的技術は，モノという経営資源の形をとることが一般的です。そして，いずれの姿にあっても，技術を入手するには，カネという経営資源が必要となります。

　情報的経営資源である技術は，事業活動を通じて磨かれたり新たに生み出されたりして，企業に蓄積されます。その結果，各企業は固有の**技術蓄積**を保有するようになります。なかでも真にその企業固有で競争的に重要な技術については，特許を取得するなどして制度的な保護が図られます。こうした技術は，商標や意匠などとともに**知的財産**と呼ばれます。

　しかし，技術の入手方法はそれだけではありません。客体的技術や客観的技術の多くは，カネで入手することも可能ですし，他企業の保有する技術を連携によって利用することも可能です。また，保有する技術は，自社の何らかの事業で何らかの形で利用することになりますが，他社に提供することも選択肢にあります。

　技術を自社で生み出し，自社で利用するだけでなく，他の組織から入手したり，他の組織に提供したりすることで，技術の事業化を図ることを，**オープン・イノベーション**と呼びます。技術開発が多岐にわたって派生し，他方で競争水準も高度化している現在では，一企業が保有する技術と経営戦略的に必要となる技術とが適合しないことも多くなっているので，オープン・イノベーションが重要なマネジメントの選択肢となっています。

　かくして，企業が，どのような技術に開発投資をするか，どのような技術を購入するか，どのような技術を連携で入手するか，どの技術をどの事業でどのように活用するか，どの技術を他社に提供するかなどの問題については，経営の視点や戦略の視点から考えて答えを探す必要があります。経営の視点から技術のあり方を考えることが，技術経営の大事な一面です。

技術経営には，他にも大事な側面があります。それは技術の視点から経営を考えるということです。すでに述べたように，技術は企業の情報的経営資源の1つです。そして，その重要な特性は，それが事業活動の経験を通して新たに拡充されることです。それには，技術における技能の側面が大いに関わっています。

さらに，経験から新たな客観的技術が得られたり，それを設備などに組み込むことで新たな客体的技術となったりすることもあります。工場で「からくり」と呼ばれるような工夫がその一例です。このように，技術には，**経験からの学習**を通して幅や厚さを増す特性があります。そのため，長年組織内で培った技術は，他所から入手できない独自性を備えてきます。つまり，持続性をもった独自の経営資源となるのです。

持続性をもった独自の経営資源である技術は，顧客が求める価値と結びつけば，持続的な差別化を生み出し，持続的な競争優位の源泉となります。つまり，グローバル化のもとで一層激しくなった企業間競争において，企業が保有する独自技術が生き残りの決め手になる可能性が大いにあるのです。こうした競争力のカギとなる独自技術は，**コア技術**と呼ばれます。こうして，自社が保有するコア技術をもとに，どのような事業に出るべきか，どのような商品を出すべきか，どのように商品を提供すべきかを考えることが大事になります。

ただし，いかにそのコア技術が優れていようと，それが競争優位を生み出すには，それが製品となり，それを高く評価して実際に購入する顧客がみつからなければなりません。技術先行型の製品は，しばしば開発企業側の独りよがりの機能や性能のアピールに終わってしまって，多くの顧客による購買には至らずに失敗することがあります。そうなってしまってはコア技術も経営にとっては無用の長物になってしまいます。否，もはや，それは独自技術だとしてもコア技術と呼ぶべきものではないのです。

そこで，もっと顧客が求めるものを提供すべきだ，いわゆる**マーケット・**

図表2－5 ▶▶▶顧客価値の実現と希少性の両立

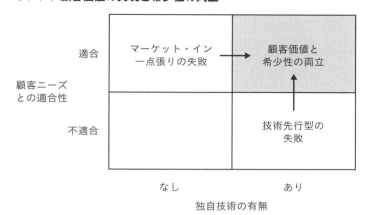

出所：延岡［2006］119頁をもとに筆者作成。

インに努めるべきだという意見も出てきます。これなら顧客のニーズに直結するので製品を売ることも容易になるでしょう。

　しかし，単にマーケット・イン一点張りだと製品差別化につながらず，競合企業と価格競争に持ち込まれて結局得をするのは顧客だけという事態にもなりかねません。その点，競合企業も連携企業も保有していない独自の技術をもっているのであれば，その用途をうまく探して，その技術を使った製品を高く購入してくれる顧客をみつけることで，持続的な競争優位を手に入れ，利益を上げることができます。

　持続的に利益を獲得するために肝心なことは，**顧客価値**に結びつけることと，他にはないという希少性のポジションを得ることです。もし技術によって確固たる**希少性**のポジションを得ることができるなら，あとは顧客をみつけ出せばよいのです（**図表2－5**）。このような技術をもたない場合や，顧客がみつからない場合には，このような技術をもてるようにするか，別の差別化について考える必要があります。以上のように，技術の視点から経営を考えること，これが技術経営のもう1つの重要な側面となります。

3.3 社会の視点から技術と経営を考える

　ここまで，技術と経営という視点から技術経営を考えてきました。しかし技術を考えるにも，経営を考えるにも，それらが社会の中における現象であることに注意しておく必要があります。

　たとえば，**社会の動向**は，顧客価値に影響を与えます。社会の高齢化が進めば，介護サポートに関するニーズが増すことが考えられ，それを満たす技術やその応用に事業機会が生まれます。また，個人所得が急増している社会においては，従来よりも品質の高い，安全性の高い製品に顧客の関心が向くと考えられるので，技術と経営の注意もそちらに舵を切ったほうが良いでしょう。あるいは，共稼ぎ世帯が増えるなら，顧客の時間や手間を省く製品づくりに技術やその他の経営資源を振り向けることに合理性が生まれます。

　さらに，社会の動向は競争状況にも影響します。国際間の緊張が緩み，グローバル化が進めば，国際的に比較優位に立てるかを考えながら，経営の方向性や技術投資の焦点を決める必要があります。また，規制緩和がなされると，新たな参入企業も増えるため，それらとの差別化のための技術に力を入れたり，ターゲット顧客を絞り込んだりする必要が出てくるかもしれません。

　このように，技術経営を考えるには，目の前の技術や市場ばかりに集中するばかりでなく，視野を広げて社会の動向にも注意を払う必要があります。

3.4 技術と経営の視点から社会を考える

　最後に，**社会の変革**にも技術経営が大きな貢献を果たせる可能性があることも述べておきます。たとえば，世界でみれば飽食と飢餓とが共存している状態があるときに，食料保存や物流の技術開発を進めることや，飽食の地域から食料を集めて飢餓の地域に搬送・分配するための費用を持続的に集めることのできるビジネスモデルを生み出すことができれば，多少なりとも社会が変わるかもしれません。

　実際，国内では残存賞味期限の短くなった食品を企業から現品や現金の寄

付を受けながらシェルター施設などに届けるフードバンクという仕組みができています。これを進めて，企業が抱いている「食品廃棄費用を軽減したい」「企業ブランドの価値向上を図りたい」という動機をうまく引き出して寄付を集める一方で，国際的な搬送や他国での分配に関する安全かつ経済的な技術や経営の仕組みを見いだせば，世界的な食糧問題の解決にも貢献できるかもしれないのです。

　同様のことが，余剰・廃棄と不足とがやはり共存している医薬品などでも考えられます。同情だけでは社会を変革できませんが，技術経営の視点に立って技術開発や事業開発という形での実現を図れば，社会を変えることも夢ではなくなります。

　技術と経営の視点から社会を考えるというのは，上記のような大きな課題ばかりが対象ではありません。たとえば，**標準規格**の問題があります。エレクトロニクス製品などでは，電子信号の規格が異なると機能しません。そこで，多様な製品や部品の互換性を確保するという技術的合理性からも，市場を拡大するという経営的合理性からも，国際的な標準規格を定めることが好ましいといえます。ユーザーの利便性もメーカーの生産効率も上がるからです。

　こうしたことから国際的な標準規格機関（ISO）などを舞台に，どの技術規格を国際標準にするかについて，企業間での駆け引きがなされています。各社の関係する技術と経営の視点から，社会においてどの規格を推進するかを考えること，そして実際に推進することも，技術経営が社会に影響を与える1つの例だといえます。

　技術や経営をうまく組み合わせて活用することで，社会の現状を変えることもできるのです。そうしたパワーを技術経営は秘めているのです。

1. 営業の技術，資金調達の技術など，製品技術や工程技術以外に企業がビジネスのために使っている技術について思いつく限り挙げてみましょう。
2. 好きな企業を選び，その企業の経営環境を構成している制度や組織にはどのようなものがあるかを図示してみましょう。
3. 好きな企業のある製品を選び，その競争戦略の 4C の図を作ってみましょう。

　自動運転を事業にするには，どのような技術，どのような経営，どのような社会が必要となるのかについて，議論しましょう。

▶▶▶さらに学びたい人のために ――――――――――――――
●伊丹敬之・加護野忠男［2003］『ゼミナール経営学入門（第3版）』日本経済新聞社。
●宗像正幸［1989］『技術の理論―現代工業経営問題への技術論的接近』同文舘出版。

参考文献
●伊丹敬之・加護野忠男［2003］『ゼミナール経営学入門（第3版）』日本経済新聞社。
●延岡健太郎［2002］『製品開発の知識』日本経済新聞社。
●延岡健太郎［2006］『MOT［技術経営］入門』日本経済新聞社。
●宗像正幸［1989］『技術の理論―現代工業経営問題への技術論的接近』同文舘出版。

1 競争優位とその実現

1.1 競争優位・競争劣位・競争均衡

本章では，企業における技術経営の前提や目的となる競争戦略と競争優位について説明します。

企業の最も重要な目標の1つは，利益をあげることです。この経済的成果を高めるために，企業は各事業において競争戦略を立てます。競争戦略を実行すれば，その結果として次の3つのいずれかの状態が実現します。つまり，競争優位，競争劣位，あるいは競争均衡です。

ある意思決定・行動の結果として，競合企業がいないか，あるいは競合企業に比べて，経済的成果を多く得られる状態になった場合，それは**競争優位**と呼ばれます。たとえば，自動車産業において200万円台までの普及価格帯でハイブリッド車を発売できているのは，トヨタ自動車とホンダです。国内の販売台数をみれば，その売り上げの上位にプリウスやアクア，フィットハ

イブリッドといった両社のハイブリッド車が並びます。このように，普及価格帯のハイブリッド車を発売するという意思決定・行動の結果，トヨタ自動車とホンダは競争優位という状態に至っています。

それに対し，企業が意思決定・行動をしても経済的価値を生み出さない状態は**競争劣位**と呼ばれ，また，競争優位と競争劣位の中間で，他企業も同様の意思決定・行動をしている状態は**競争均衡**と呼ばれます。これら3つの状態の中で，企業が目指すのは競争優位です。

では，企業はどのようにすれば競争優位を実現できるのでしょうか。これまで経営学では，企業を取り巻く外部環境要因と企業の内部要因が適合的であれば，高い経済的成果が得られると考えられてきました。そのため，競争優位を構築するためには，外部要因を重視すべきか，あるいは，内部要因を重視すべきかという2つの考え方があります。

外部要因を重視する考え方は企業外部の競争環境に視点を向けたもので，**ポジショニング・アプローチ**と呼ばれます。また，もう1つの企業の内部要因を重視する考え方は企業内部の経営資源や組織能力に視点を向けたもので，**資源能力アプローチ**と呼ばれます。ただし，これら2つのアプローチは相互に排他的ではなく，あくまでもどちらかを重視するのかという程度の問題だということには，注意が必要です。

1.2 ポジショニング・アプローチ

ポジショニング・アプローチでは，競争優位の源泉を企業を取り巻く外部環境に求めます。その代表格として，**業界構造分析**が挙げられます。

具体的には，企業を取り囲む**5つの競争圧力**——既存企業の競争圧力，新規参入の脅威，代替品の脅威，売り手の交渉力，買い手の交渉力——に着目して，その産業の魅力度を分析する手法です（**図表3-1**）。

①既存企業の競争圧力

自社が属している産業の競合企業との競争の激しさの度合いのことです。競争の激しい産業の特徴として，多数の競合企業がいて，企業規模が同程度

図表 3 － 1 ▶▶▶ 5つの競争圧力

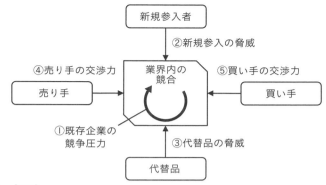

出所：ポーター［1995］。

であること，固定費が高い産業であること，産業の成長率が低いこと，産業内での差別化が困難であること，産業からの撤退が難しいことなどが挙げられます。

②新規参入の脅威

産業に新たに参入しようとする企業の可能性を指しています。利益率が高止まりしている産業や急速に拡大している市場，規制緩和が行われた産業には，新規参入企業が増加します。

③代替品の脅威

自社の製品やサービスと同じニーズを他の方法で満たす代替品が登場することです。代替品が登場すれば，自社製品・サービスの相対的な価値は低下し，顧客を代替品に奪われることになります。

④売り手の交渉力

自社に必要な材料などの供給業者が，その供給業者にとってどの程度有利な条件で取引を行えるのかを指します。売り手が産業で寡占状態にあったり，売り手の製品・サービスがその産業にとって重要であったり，売り手の製品・サービスを代替するものがなかったりすると，売り手の交渉力は強まります。

⑤買い手の交渉力

自社の製品・サービスを購入する販売店や顧客といった買い手との取引上

の力関係を示しています。製品・サービスが差別化されていなかったり，買い手にとって重要でなかったり，顧客が製品・サービスについて豊富な知識をもっていたりすると，買い手の交渉力は強まります。

　これら5つの競争圧力が高い産業であれば，そこから得られる経済的価値は低くなると考えられ，逆に競争圧力が低い産業であれば，参入企業が得られる経済的価値は高いと考えられます。業界構造分析によって競争圧力が低い産業を探し，そこに参入して他企業の参入を妨げることができれば，競争優位を維持できます。そのため，ポジショニング・アプローチでは，顧客や競合企業といった外部競争環境をきちんと理解し，適切な外部競争環境に自社をポジショニングする（位置づける）ことを重視します。

1.3　資源能力アプローチ

　一方，資源能力アプローチでは，競争優位の源泉を企業の内部要因に求めます。企業を資源の集合体として捉え，優れた経営資源や組織能力が，企業が得られる経済的価値に高めると考えます。このような見方を，**リソース・ベースド・ビュー**（resource-based view：**RBV**）ともいいます。

　第2章で学んだように，**経営資源**は，ヒト，モノ，カネ，情報という4種類として考えることが一般的です。その中でも，情報的経営資源は，つくるまでに時間がかかり，しかも，外部から買えないことが多いため，企業特異の資源であり，他社との違いを生み出しやすいといわれています。

　さらに，こうした経営資源は，組み合わされ，活用されることによって，その力を発揮することができます。その資源の統合や活用のやり方は，長年のさまざまな試行錯誤のなかで磨かれ，蓄積されていきます。企業が業務を日々繰り返すうちに形成されてくる組織的な行動パターンを**組織ルーティン**といいます。こうした，試行錯誤を繰り返しながら形成されてきた企業独自の組織プロセスのなかで，経営資源の統合や活用を有効に行える組織ルーティンの体系が**組織能力**（藤本［2003］）です。

1.4 持続的競争優位とその源泉

　ひとたび，ある企業が競争優位を獲得すると，競合企業はそれを無力化し，追いつこうとします。競争優位とは，相対的なものであり，もし簡単に追いつかれてしまえば，短期間で競争優位は終わってしまいます。たとえ競争優位を一時的に獲得できても，それを長い期間にわたって維持できなければ，意味がありません。

　では，競争優位を獲得した企業は，その優位性を持続させるために，どうすればいいのでしょうか。長期間にわたって競争優位を維持できるかどうかは，競合企業にとっての**模倣困難性**に左右されます。模倣困難性を生み出す要因として，独自の歴史的条件，因果関係の曖昧性，社会的複雑性の3つが挙げられます。

　企業が特定の資源を獲得，開発，活用する能力は，その企業がこれまでいつどこにいたかに依存するため，他の企業が同様の資源を獲得するには過ぎ去った歴史をもう一度再生しなければなりません（時間圧縮の不経済）。また，経営資源を開発する過程には，さまざまな歴史的な偶然の出来事や制約があり，その後の経営資源の形成に大きな影響を与える経路依存的な側面もあります。このように経営資源の蓄積や構築に独自の歴史的条件が作用する場合，後発企業が模倣することが不可能であったり，模倣するには長い時間が必要になったりするため，先行企業は**先発者の優位**（第4章）を享受することができます。

　また，因果関係の曖昧性とは，模倣しようとする企業にとって，模倣対象の企業が保有する経営資源と，その企業の競争優位との関係がよく理解できないことです。すなわち，その企業の経営資源と競争優位との因果関係が不明なため，競合企業は模倣しようにも何を模倣してよいのか，曖昧でわからないのです。

　最後の社会的複雑性とは，経営資源がただ単に物理的なものではなく，企業文化や組織風土などの社会的な要因の上に立脚するものであれば，模倣することが難しいことです。

2 競争優位を生み出す競争戦略

続いて，競争優位を生み出すための競争戦略について考えてみよう。顧客にどのように製品を訴求し，競争優位を生み出すのか，これまで戦略論では，2つの基本的定石が考えられてきました。差別化戦略とコスト・リーダーシップ戦略です。

2.1 差別化戦略

差別化戦略とは，他社製品とは異なることを顧客に認識してもらい，その違いを顧客から評価されることを競争優位の源泉とする戦略のことです。具体的に差別化する要因は，**マーケティング・ミックス**で考えることができます。マーケティング・ミックスとは，製品戦略（product），価格戦略（price），プロモーション戦略（promotion），流通戦略（place）の4つの戦略要素の組み合わせのことをいい，頭文字から**4P**と呼ばれます（**図表3－2**）。具体的には，どのような製品をどのような価格で提供するのか，どのような方法で販売促進し，どういった流通経路で販売するのかを考えるわけですが，これらで他社との違いを鮮明に打ち出し，かつその違いを顧客に高く評価してもらおうというのが，差別化戦略です。

たとえば，製品戦略では，製品そのものの特徴や品質，デザインなどで他社製品との違いを打ち出すことができます。それ以外にも，パッケージを工夫したり，製品のバラエティを増やしたりといった方法も可能です。また，よく知られたブランドの製品は，そのブランドであるというだけで他の製品より優れていると顧客に認識されることがあります。

価格戦略では，単に価格を安く設定するのではなく，時期に応じた値引きを実施したり，支払い方法の利便性を提供することも可能です。

プロモーション戦略では，広告により他社製品との違いを明確に顧客に伝えることが重要になります。また，広告，販売促進，販売員活動などにより自社製品に良いイメージをもってもらうことは，自社のブランド価値を高め

図表 3 − 2 ▶ ▶ ▶ マーケティング・ミックスの4P

るうえでも重要です。

　また，流通戦略でも差別化が可能です。独自の店舗，他社の追随を許さない便利な配送，品揃えなどでも差別化することができるでしょう。

　技術経営という分野においては，差別化戦略を実行するのにいかにうまく技術を用いるかが重要になります。独自の技術を用いた製品，素早い製品開発による豊かな製品バラエティ，独自の生産技術による低コスト化，ICTを用いた便利な支払いシステム，ICT を用いた顧客管理によるカスタマイズされた広告，サプライチェーンの徹底した管理による顧客需要に応じた配送など，マーケティング・ミックスのさまざまな要素に技術を用いれば，他社との違いを明確に打ち出すことが可能になるでしょう。

2.2 コスト・リーダーシップ戦略

　コスト・リーダーシップ戦略とは，他社製品よりもコストが低いことを競争優位の源泉とする戦略です。製品の明確な差別化ができれば良いのですが，必ずしもいつもうまくいくわけではありません。他社製品との違いが明確でない場合には，安い価格の製品が選ばれる傾向が強いため，企業は低価格の製品を開発しようとします。

　低コストを実現できる要因として，規模の経済や経験曲線効果などがあります。**規模の経済**とは，生産量の増加によって製品１単位当たりのコストが下がることです。生産量が増加するほど固定費は分散され，原材料の大量仕

入れなどによって仕入れコストの低減が可能になるためです。

　たとえば，ある工場では，工場を維持するのに年間1億円が必要だとします。この維持費用は生産量にかかわらず一定なので，固定費と呼ばれます。この工場が，年間10万個の製品しか製造しなければ，製品1個当たりの固定費は1,000円ですが，100万個の製品を製造すれば，製品1個当たりの固定費は100円にまで低下します。これが固定費の分散効果です。

　また，100万個の製品を製造する場合，10万個の製品を製造するよりも多くの原材料を使うことになります。このとき，原材料のサプライヤーに「たくさん買うのだから値引きして欲しい」といった値下げ交渉をすることもできるでしょう。これが，仕入れコストの低減効果です。

　もう1つの**経験曲線効果**とは，累積生産量が倍増するのに伴って製品1単位当たりのコストが一定の比率で低下していくことです（**図表3－3**）。一般的に，累積生産量が2倍になると，単位コストは2割から3割減少することがわかっています。累積生産量が倍増することによる一定のコスト低下水準は**習熟率**と呼ばれ，長距離電話料金は72%，電気カミソリは77%，セパレート型エアコンは80%といった習熟率があることが知られています。この経験曲線効果がはたらく理由として，労働者が学習したり，新しい生産工

図表3－3 ▶▶▶経験曲線

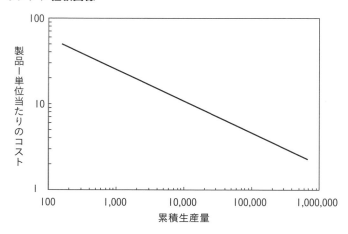

程が開発されたり，製品が標準化されたり，生産コストが抑えられるような設計改善が行われることなどが挙げられます。

　規模の経済と経験曲線効果は似ていますが，規模の経済がある時点での単位当たりコストの低下を示しているのに対し，経験曲線効果は，長い期間にわたって単位当たりコストが低減していくことを表しています。経験曲線効果は歴史的な経緯を含んでいることから，長期的な競争優位の源泉になりえます。

　なお，コスト・リーダーシップ戦略を実現するためには大量生産の原理について理解することが不可欠です。大量生産については第11章で学習します。

---

3 ビジネス・システム戦略

3.1 ビジネス・システムとは

　競争優位を生み出すためには，顧客との接点で他社との違いをつくる必要があります。これは製品レベルの競争戦略で，差別化戦略やコスト・リーダーシップ戦略という基本的定石がありました。

　ただ，最終的に顧客に製品が届けられるまでに，企業は一連のさまざまな業務活動を行っています。具体的には，購買物流→製造→出荷物流→販売とマーケティング→サービスといった直接的な「主要活動」と，それらを支えるインフラストラクチャの整備や人事・労務管理，技術開発や調達といった間接的な「支援活動」に分けて，このビジネスの一連の流れを**バリュー・チェーン**（図表3-4）と呼んでいます。

　こうした業務活動の流れをきちんと実行できないと製品を提供することができません。また，この流れのなかで，どこに重点を置くかは企業ごとで異なるかもしれません。こうした一連の仕組みを設計し，顧客に対して大きな価値を生み出すことができるように全体を調整していくことが重要になります

図表3-4 ▷▷▷バリュー・チェーン

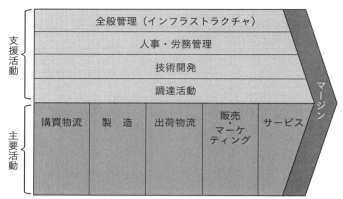

出所：ポーター［1985］。

（加護野［1999］；加護野・井上［2004］）。

　このような顧客との接点までの長い供給の流れは**ビジネス・システム**と呼ばれます。いいかえれば，ビジネス・システムとは「事業を行うための資源と，資源を活用する仕組みのシステムのこと」（伊丹・加護野［2003］）です。この供給システム全体を優位性のあるものにしようとする競争が，もう1つのレベルの競争になります。

　このビジネス・システムにも，2つの競争優位の源泉があると考えられています。1つが，競合企業とは異なる特徴をもつ製品を提供して，多くの支払いを受ける**差別化優位のビジネス・システム**，もう1つが，競合企業よりも低いコストで製品を提供する**コスト優位のビジネス・システム**になります。

3.2 　差別化優位のビジネス・システム

　第2章で学んだように，ある企業が用いている生産用の機械設備は，他の企業の製品である場合があります。より一般的には，企業は他の事業者を顧客とする場合があり，こういう事業形態を **B to B**（business to business）といいます。

　B to B の事業形態では，製品に高い信頼性が求められる場合があります。

建機や生産設備が故障すると，顧客の大きな機会損失につながります。医療機器などでは，人の生命を左右する事態にもなりかねません。

　こういった製品を製造する企業は，製品の品質を高めることで他社と差別化することができます。部品受け入れ時の検査や工程での品質管理，設計時点での工夫により他社よりも故障を減らすことができれば，競争優位に立つことできます。

　それだけではありません。事業者に販売する設備，機械にセンサーを組み込めば，稼働率を測定して定期的なメンテナンスを行ったり，事前に故障しそうな場合は先にサービス担当者を派遣することが可能になります。たとえば，建設機械メーカーのコマツやボイラー製造業の三浦工業，業務用エアコンのダイキンなどが早くからこうした取り組みを始めています。これを実現するためには，製品に組み込んだセンサーからの情報を収集，分析し，サービス担当者を派遣したりするための仕組みが必要になります。

　製品の信頼性を高めるのは，製品レベルでの差別化です。しかし，後者のように仕組みで差別化することも可能です。このように差別化されたビジネスを行う仕組みのことを，差別化優位のビジネス・システムといいます。

3.3　コスト優位のビジネス・システム

　みなさんが日常的に購入するものが，みなさんの手に届くまでのプロセスを考えてください。たとえば，ペットボトルの飲料であれば，飲料メーカーからスーパーやコンビニなどの小売業者を通じて，みなさんの手に届きます。このとき，メーカーは製造コストに自社の儲けを上乗せして小売業者に販売します。また，小売業者はメーカーからの仕入れコストに自社の儲けを上乗せして消費者に販売します。このように，製品が消費者の手に届くまでのプロセスを**サプライチェーン**といいます。また，サプライチェーンを構成する企業が上乗せする自社の儲けをマージンといいます。

　したがって，サプライチェーンの多くを自社で手がけるほど途中のマージンを減らして，コスト優位に立つことができます。たとえば，ある衣料品の

小売業者は，自社で製品の企画，原料の仕入れなどを手がけることでマージンを減らす **SPA**（specialty store retailer of private label apparel）という仕組みを構築しています。これは，コスト優位のビジネス・システムの一例だといえます。

　ただし，サプライチェーンの多くを自社で手がけると，在庫管理や資金回転などの面で難しい問題に直面することになります。コスト優位のビジネス・システムを構築するには，これらの問題点を回避し，コスト削減のメリットを十分に発揮するような仕組みを作ることが重要になります。たとえば，SPA の多くが，製造など，サプライチェーンの一部を自社で保有するよりも安価に実現できる外注業者に**アウトソーシング**しています。

4 競争地位と戦略

　ここまで個別企業がとりうる競争戦略について説明してきました。ただ，どの企業も同じ視点から戦略を考えればいいのでしょうか。たとえば，日本の自動車産業において，トヨタ自動車，ホンダ，日産自動車，三菱自動車，ベンツや BMW では，立てる戦略が大きく異なるのではないでしょうか。ここでは，産業において企業が置かれている地位ないし立ち位置から各々の企業のとる戦略を考えてみたいと思います。

4.1 競争地位の 4 類型

　産業において企業が置かれている競争上の地位は，リーダー，チャレンジャー，ニッチャー，フォロワーの 4 つに分類することができます。そして，それぞれがとるべき戦略の定石が異なることが示されています。

　リーダーとは，業界の市場シェアがトップの企業で，量的にも質的にも優れた経営資源を保有する企業です。日本の自動車産業でいえば，2015 年の日本自動車販売協会連合会の統計データによると市場シェアの 46% を占めるトヨタ自動車がリーダーにあたります。

チャレンジャーとは，市場の2番手のシェアをもつ企業群に属し，リーダーに挑戦している企業のことです。自動車産業では，12%のシェアを占めるホンダや11%のシェアをもつ日産自動車がチャレンジャーといえるでしょう。

ニッチャーは，市場シェア上位のリーダーやチャレンジャーと棲み分けており，特定の領域において規模は小さくても，独自の地位を築くことに成功している企業になります。ベンツやBMWなどのドイツ輸入車メーカーは，高級車市場に特化した製品展開を行っています。

フォロワーとは，リーダーの動きを追随する市場シェア下位の企業です。チャレンジャーのようにすぐにリーダーを狙うことができない企業であり，ニッチャーのように特定領域で独自の地位を築けていない企業のことを指します。市場シェア1.2%ほどの三菱自動車などです。

4.2 競争地位別戦略

上記の4つの競争地位に応じた戦略を選ぶことが重要です（**図表3－5**）。

業界を引っ張っていく立場にあるリーダーの戦略目標は，自社のシェアの維持や拡大だけではなく，市場全体を拡大することになります。そのために，消費者の大多数をターゲットにするように製品を**全方位**で展開します。また，競合企業が新たな技術や製品を出したときには，すぐさま同様の技術や製品を展開する**同質化**を行ったり，産業全体の利益が低下しないように，他社が値下げをしたとしても，価格競争を行わない非価格対応を行ったりします。

リーダーに挑戦するチャレンジャーの戦略目標は，トップシェアの獲得です。リーダーと同じ土俵で戦えば，相対的に経営資源で劣るチャレンジャーは，競争に敗れてしまいます。したがって，チャレンジャーは，リーダーとは異なる技術や製品を開発する**差別化**を志向します。その際のポイントは，リーダーが簡単に真似できない，あるいは真似したくない差別化を行うことです。

シェアは高くありませんが，ニッチ（穴場）市場で独自の競争地位を築こ

図表3－5 ▶▶▶競争地位の4類型とその戦略

	定義	基本方針	戦略目標	基本戦略
リーダー	業界の市場シェアがトップの企業	同質化全方位	シェアの維持・拡大業界での最大利潤	フルライン戦略同質化戦略非価格対応
チャレンジャー	市場の2番手のシェアを持ち，リーダーに挑戦する企業	差別化	トップシェアの獲得	リーダーが模倣できない，したくない差別化
ニッチャー	特定の領域で独自の地位を築く企業	集中化専門化	独自の地位の獲得と維持	特定市場でのフルライン戦略
フォロワー	リーダーの動きを追随する市場シェア下位の企業	効率化模倣	業界での生存経営資源の蓄積	低価格対応経済性セグメントをターゲットにリーダーの4Pを模倣将来に向けた資源蓄積

出所：オールウェイズ研究会［1989］20頁；嶋口・石井［1995］186頁をもとに筆者作成。

うとするニッチャーは，その特定の市場で高い収益を上げることを戦略目標とします。そのために，限られた資源を狭い市場に**集中化**することで，その領域でのミニリーダーになることを目指します。他社がその特定市場に入り込みにくくし，その領域での優位性を確保できるよう，特定市場において製品のフルライン展開を行うのです。

　業界トップになることを目指さずに，リーダーの戦略を**模倣**するフォロワーは，業界で存続できうる収益を確保しながら，チャレンジャーやニッチャーになれるように経営資源を蓄積することに努めます。上位企業と直接競争するのではなく，他社からみればうまみの少ない低価格志向の顧客（経済性セグメント）をターゲットにした製品を展開します。そのために，生産や流通などを可能な限り**効率化**して，低価格の製品を提供できるようにします。

Working　　　　　　　　　　　　　　　　　　　　調 べ て み よ う

1. いくつか企業を挙げ，ポジショニング・アプローチと資源能力アプローチの両観点から各社の戦略について考えてみよう。
2. 本章で学んだ競争地位の 4 類型について，それぞれに当てはまる事例となる企業を挙げてみよう。また，それらの企業がどのような戦略をとっているのか考察してください。

Discussion　　　　　　　　　　　　　　　　　　　議 論 し よ う

　差別化優位のビジネス・システムとコスト優位のビジネス・システムの事例をそれぞれ挙げ，どのような要因・プロセスによって差別化，コスト削減をしているのか議論してみよう。

▶▶▶さらに学びたい人のために

● 青島矢一・加藤俊彦 [2012] 『競争戦略論（第 2 版)』東洋経済新報社。
● 網倉久永・新宅純二郎 [2011] 『経営戦略入門』日本経済新聞出版社。

参 考 文 献

● 伊丹敬之 [2012] 『経営戦略の論理—ダイナミック適合と不均衡ダイナミズム（第 4 版)』日本経済新聞出版社。
● 伊丹敬之・加護野忠男 [2003] 『ゼミナール経営学入門（第 3 版)』日本経済新聞社。
● オールウェイズ研究会編，青井倫一・矢作恒雄・和田充夫・嶋口充輝著 [1989] 『リーダー企業の興亡—運命か，戦略の失敗か』ダイヤモンド社。
● 加護野忠男 [1999] 『〈競争優位〉のシステム—事業戦略の静かな革命』PHP 研究所。
● 加護野忠男・井上達彦 [2004] 『事業システム戦略—事業の仕組みと競争優位』有斐閣。
● 嶋口充輝 [1986] 『統合マーケティング—豊饒時代の市場志向経営』日本経済新聞社。
● 嶋口充輝・石井淳蔵 [1995] 『現代マーケティング（新版)』有斐閣。
● 藤本隆宏 [2003] 『能力構築競争—日本の自動車産業はなぜ強いのか』中央公論新社。
● ポーター，M. E. 著，土岐坤・中辻萬治・服部照夫訳 [1995] 『[新訂] 競争の戦略』ダイヤモンド社。
● ポーター，M. E. 著，土岐坤・中辻萬治・小野寺武夫訳 [1985] 『競争優位の戦略—いかに高業績を持続させるか』ダイヤモンド社。

Learning Points

▶コア技術を核として，複数の産業・製品をまたいだ製品戦略について学びます。
▶製品ライフサイクルとそれに対応する製品戦略について学びます。
▶多角化戦略と多角化企業内での製品戦略マネジメントについて学びます。
▶企業の産業への参入時期によって変わる優位性について学びます。

Key Words

コア技術戦略　製品ライフサイクル　多角化戦略
製品ポートフォリオ・マネジメント（PPM）　先発者の優位　後発者の優位

1 コア技術戦略

1.1 コア技術戦略とは

　第3章では，単一事業での競争優位の構築に焦点を当てましたが，本章では，視野を広げて，企業が展開する複数事業での競争優位の獲得について考えたいと思います。企業は1つの製品だけではなく，複数の製品を開発して成長していきます。では，どのように複数の製品開発をマネジメントして，競争優位を構築するのでしょうか。

　複数製品開発をマネジメントして持続的競争優位を構築する戦略の1つにコア技術戦略があります。**コア技術**とは，長期にわたり，複数の製品間で共有されている特定分野の技術体系のことを指します。企業は，独自な技術資源を保有し，それを活用した製品開発を行うことによって，競争優位を獲得

しようとします。

このコア技術を核とし，複数の製品分野において，1つの技術体系を共有して製品開発に利用することを**コア技術戦略**といいます（延岡［2002］）。このコア技術戦略の意義は以下の4点があるといわれています。

第1に，**範囲の経済**がはたらくことです。ここでの範囲の経済とは，企業がコア技術を核にしながら，複数の製品開発を通じて，技術投資の回収機会を広げ，投資効率を高めることです。

第2に，**リスクの分散**です。技術的優位性を確立するためには，競合企業以上に集中的な資源投入が必要です。ただし，特定の技術領域のみに集中するだけではリスクが高くなります。そこで，特定の技術を用いて，さまざまな分野の製品を開発・販売することで，コア技術に集中することのリスクを低減・分散できます。

第3に，技術を多様な製品に利用することで，コア技術を鍛えられます。技術は試行錯誤のなかで，成長していきます。複数の製品分野の製品開発に利用されることで，さまざまな用途で技術が使われることになり，その製品開発の試行錯誤から，より多くの技術的知識を蓄積できます。

第4に，コア技術を核として，新しい製品分野へ進出することができます。既存のコア技術を用いて新しい製品市場を形成し，その市場を拡大させていくことが，企業にとって次の打ち手につながります。

1.2 コア技術の形成プロセス

コア技術はどのように形成されていくのでしょうか。まず，企業は保有する技術的資源のなかから，コア技術化したい技術分野を設定する必要があります。この際，広すぎても狭すぎてもよくないといわれています。

この技術開発と並行しながら，その技術を用いた製品開発を連続的に行っていきます。市場からのフィードバックを技術開発に活用しながら，一連の技術体系を異なる製品分野の製品開発に活用していきます。このように，技術開発の成果を応用して，製品化することで技術はさらに鍛えられていきま

す。そして，より強化された技術を製品開発に活用します。こうした技術開発と製品開発とのあいだに正のスパイラルを作り出します。

　このようにコア技術とは，製品開発を通じて利用され，鍛えられ，蓄積されていくプロセスのなかで，形成されていく技術体系です。そのためには，技術開発と製品開発の緊密な連動性が重要で，それを可能にする組織能力（**コア技術形成能力**）が必要になります（斎藤［2005］）。

　また，技術は製品開発に活用できるのか，その結果としてどのような技術知識が蓄積されていくのか，実際にやってみないとその有用性がわかりません。その過程では，意図しない技術蓄積も起こりえます。企業は，事前にコア技術を明確に設定してから技術開発を行うのではなく，その設定は技術開発と製品開発のサイクルのなかで変化することもあります。そのため，コア技術戦略は，徐々にコア技術を見定め形成していく**創発**的な側面が強い戦略であることを認識しておく必要があります。

1.3　コア技術戦略の事例

　1934年に創業した富士フイルムは，国産の写真用フィルムを作るために設立された企業で，フィルムに関連する技術を中心に事業を展開しています。写真用フィルムは，薄い膜でありながら，構造的には複数の層から成っています。また，プリントした写真をいつまでも色鮮やかに保存するため，色あせを防がなくてはなりません。この写真用フィルムを作る過程で，複数の層をフィルムに成形する製膜技術や，化合物の反応をコントロールして酸化を防ぐ抗酸化技術，写真用粒子の細かな機能や安定性を高めるナノ分散技術などといったフィルムに関連する技術が開発され，蓄積されていきました。

　そのほかに，富士フイルムは，カメラ関連の光学デバイスやデジタルイメージング分野で蓄積した技術を活かして，X線画像センサをはじめとしたメディカル機材を開発しています。また，製膜技術などを用いて，フラットパネルディスプレイ用偏光板フィルムや太陽電池用部材といった高機能性材料分野に進出をしたり，インクジェット用インクやデジタル印刷機などのグ

ラフィックシステムを開発しています。近年では，抗酸化技術やナノ分散技術を用いて化粧品「アスタリフトシリーズ」を開発するなど，ヘルスケア製品の開発を活発に行っています。

このように，カメラのデジタル化により，主力事業の写真用フィルムやカラー印画紙の市場が急速に縮小していったなか，富士フイルムは，フィルム技術をコア技術として，次々と新しい製品分野に進出をしています（**図表4－1**）。

図表4－1 ▶▶▶富士フイルムのコア技術戦略

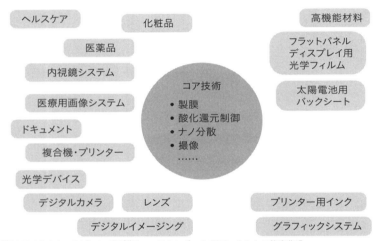

出所：「富士フイルムホールディングス㈱アニュアルレポート2016」をもとに筆者作成。

2 製品ライフサイクル

2.1 製品ライフサイクルとは

　人間にライフサイクルがあるように，製品市場にも，生まれて，成長・成熟し，衰退していく**製品ライフサイクル**があると考えられています。

　図表4－2をみてください。これは，1962年から2004年までのフィルムカメラの出荷台数と出荷金額の推移を示したものです。日本のカメラメーカーが世界のカメラ市場を席巻したのは，1970年代以降です。1991年には出荷金額で，1997年には出荷台数で過去最高を記録しました。ただし，1995年にデジタルカメラがヒットし，2000年ごろには，出荷金額，出荷台数ともデジタルカメラに逆転されるなど，フィルムカメラ産業は衰退していきました。

　製品ライフサイクルには，売り上げや利益，競合企業の数などの観点から，導入期，成長期，成熟期，衰退期という4つの段階があります（**図表4－3**）。

　新製品の発売が開始される**導入期**には，技術・製品開発や顧客認知を上げ

図表4－2 ▶▶▶フィルムカメラの出荷台数と出荷金額（1962～2004年）

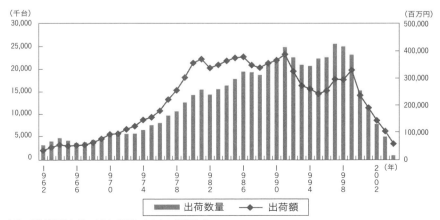

出所：『機械統計年報』［各年度版］をもとに筆者作成。

図表 4 - 3 ▶ ▶ ▶ 製品ライフサイクルと各段階の特徴とその戦略

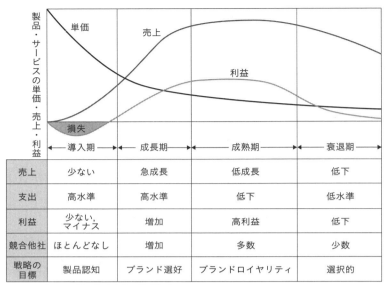

	導入期	成長期	成熟期	衰退期
売上	少ない	急成長	低成長	低下
支出	高水準	高水準	低下	低水準
利益	少ない，マイナス	増加	高利益	低下
競合他社	ほとんどなし	増加	多数	少数
戦略の目標	製品認知	ブランド選好	ブランドロイヤリティ	選択的

出所：コトラー・ケラー［2008］をもとに筆者作成。

るためのプロモーションに費用がかかります。また，生産規模も小さく，規模の経済や量産効果がはたらかないため，単位当たりコストは高く，製品は高価です。消費者にとっても，未知の新しい製品であるため，多くの人が買うわけではありません。つまり，技術・製品開発や販売促進にコストがかかる一方で，売り上げは少ないため，企業が得られる利益は少ない，またはマイナス（赤字）になります。

　成長期になると，消費者は製品を理解し出し，売上げは拡大していきます。また生産量が増えることで，単位当たりコストは徐々に低下します。したがって，企業の利益は増加します。ただ，市場が拡大し，利益を上げる企業が目立つようになるため，導入期にはほとんどいなかった新規参入企業が増加し，競合企業の数は増えていきます。

　成熟期を迎えると，売上げの伸びは鈍化し，やがて成長は止まります。この段階では，多くの消費者がすでにその製品をもっており，徐々に買い換え需要へと変化していきます。成熟期が製品ライフサイクル中で最も売り上げ

が大きく，製品コストの低下しているため，企業が得られる利益も大きくなります。ただし，売り上げの成長が止まるため，競合企業とは顧客の奪い合いになり，激しい競争が起こります。

衰退期には，代替製品が登場するなどして，売り上げは減り，利益も減少します。フィルムカメラ産業の事例では，1990年代半ばにデジタルカメラが登場すると，デジタルカメラ市場の急成長に反比例してフィルムカメラ市場は急速に萎んでいきました。

2.2 製品ライフサイクルの各段階の特徴とその戦略

製品がそのライフサイクルのどの段階にあるのかによって，企業のとるべき戦略は変わってきます。各段階での課題を明らかにし，マーケティング・ミックスを用いて考えてみましょう。前掲の**図表4－3**を再度みてください。

まず，導入期には，製品が市場に出たばかりで消費者にあまり認知されていないことが課題です。そのため，導入期に企業がとるべきマーケティング・ミックスは，製品の基本的な機能を提供し，顧客対象を絞った閉鎖型流通チャネルで，**製品認知**のための説明を重視した販売促進を行います。価格は，製造コストが高く，マーケティング費用もかかるため，高めの価格設定になります。

成長期になると，消費者は増えますが，どの企業の製品を購入するのかはわかりません。そのため，自社製品を気に入ってもらうこと（**ブランド選好**）が課題となります。成長期のマーケティング・ミックスは，基本的な機能だけではなく，付加的な機能・サービスによって製品を魅力的にします。また，マスコミなどを利用して大勢を対象とした販売促進を行い，さまざまな流通経路を利用する開放型流通チャネル政策をとります。生産量が増えることで，規模の経済・経験曲線効果がはたらいてコストは低下し，大衆的な価格へと値下げを行います。

成熟期に入ると，市場成長率は頭打ちとなり，新規需要はそれほど期待できません。そのため，シェアの維持が課題となります。企業は，自社製品に

対する**ブランドロイヤリティ**を確立し，顧客を囲い込んだうえで，競合企業のシェアを奪いにいきます。成熟期における企業がとるべき戦略は，その企業の市場シェアによって異なります。リーダー，チャレンジャー，ニッチャー，フォロワーの4つの競争地位別戦略（第3章）を参照してください。

衰退期では，市場の縮小が課題です。そのため，企業は3つの戦略オプションから選択することになります。1つめは，市場からの**撤退**です。需要が先細りするので，タイミングを見計らって事業をやめます。

2つめは，**市場の再拡大**です。新しい技術を使ったり，新しい顧客ニーズを掘り起こしたりして，**脱成熟化**を目指します。富士フイルムのインスタントカメラ「チェキ」は，アナログならではの魅力や世界で1枚だけの写真を撮れること，見た目のかわいさなどにより，若い世代を中心に再び売れています。

3つめは，**残存者利益**を得ることです。市場がまったくなくならないのであれば，最後まで市場に残って利益を享受します。今も写真用フィルムを作る富士フイルム，石油ファンヒーターのダイニチ工業などが挙げられます。

3 多角化戦略と 製品ポートフォリオ・マネジメント（PPM）

3.1 多角化とは

コア技術戦略とは，1つの技術資源を核に，複数の市場に製品を展開していく戦略を指しました。このように従来の事業領域を超えて，新たに事業領域を拡大していくことを**多角化**と呼びます。

たとえば，富士フイルムは，写真用フィルムや銀塩カメラ，デジタルカメラといった写真システムに関連する事業から，X線画像診断システムなどの医療用機器，医薬品や化粧品などのヘルスケア製品，フラットパネルディスプレイ材料などの高機能性材料，複写機や記録メディアなどのOA機器など，複数の事業を展開しています。またゼネラル・エレクトリック（GE）は，

各種発電・送電設備，石油・ガス関連ビジネス，MRIやCTといったヘルスケア機器，産業用ソフトウェア，航空機エンジン，鉄道車両や設備リースなどの金融サービスまで幅広い分野で事業活動を行っています。

　このような多角化企業は，既存の事業分野の経営資源，たとえば，製品技術や生産技術，流通チャネルなどを活かすことができる分野へ参入している**関連多角化企業**と，自社が行っている既存の事業分野との関連性が低い，あるいはまったくない事業分野へ進出する**非関連多角化企業**に分類できます。フィルム技術を核に製品展開を行う富士フイルムは関連多角化企業で，一方のGEは航空機エンジンからヘルスケア，金融業など進出する事業分野には関連性が低いものも多く，非関連多角化企業といえます。ただし，未知の分野で事業展開する必要があるため，多角化は難しく，とくに，コア技術をはじめ既存の経営資源が活かしにくい非関連多角化の成功例は多くありません。

3.2　多角化の動機・効果

　このように成功が難しい多角化ですが，それでもなぜ企業は多角化を行うのでしょうか。

　第1に，事業間の**シナジー（相乗）効果**が期待できるからです。複数事業間で経営資源を共有することで，別々に事業を行うよりもコストを削減できます。先に述べた範囲の経済の効果です。それには，1つの事業から得られた情報的経営資源などを他の事業でさらに共通利用できる効果も含まれます。シナジーのタイプには，流通チャネルや広告，ブランドイメージなどの共通利用から生じる販売シナジー，生産設備や原材料など共有することから生じる生産シナジー，工場や研究開発への投資を共通利用できる投資シナジーなどがあります。

　第2に複数事業に進出することによる**リスクの分散**，第3に企業が保有する余剰資源，すなわち**未利用資源の活用**，第4に新しい事業分野を作り出すことができる魅力的な**市場機会の確保**も多角化の理由として挙げられます。

3.3 製品ポートフォリオ・マネジメント

多角化すると，企業は複数の異なる事業を抱えることになります。すると既存の事業だけではなく，進出した先での新しい事業を含めた企業全体でのバランスを考え，マネジメントしていく必要が生じます。

歴史的には，1960〜70年代にアメリカ企業は多角化していき，限られた資源を複数事業間でどのように資源を配分していくかが大きな課題になっていました。この多角化戦略を支援するために提案されたのが，**製品ポートフォリオ・マネジメント**（product portfolio management：**PPM**）と呼ばれる経営分析手法です。

PPMは，キャッシュフロー（お金の流れ）の観点から，企業が保有する複数の事業を分類して，企業全体として効率のよい資源配分を実現するためのフレームワークです。企業の保有する事業を，横軸に「**相対的マーケットシェア**」，縦軸に「**市場成長率**」とした図の上に位置づけたものになります。

そして，4つのセルをそれぞれ，花形，金のなる木，問題児，負け犬と呼びます（**図表4－4**）。このフレームワークでは，横軸の相対的マーケットシェアの目盛りが通常とは逆になっており，軸の左側が高くなっていることに注意してください。

キャッシュフローとは，製品の売り上げなどによって企業に入ってくるお金（資金流入）と，従業員に支払う給料や研究開発や設備投資などの企業か

図表4－4 ▶ ▶ ▶ 製品ポートフォリオ・マネジメント（PPM）

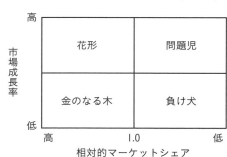

ら出ていくお金（資金流出）を差し引きしたものです。

　企業への資金流入は，企業の置かれた競争地位（第3章）によって考えられます。高いマーケットシェアをもつリーダーの場合，累積生産量は増えて経験曲線効果がはたらき，低コストで製品を生産し，大量に販売できるため，高い利益をあげられます。その結果として，資金が多く流入します。相対的マーケットシェアとは，自社の市場シェアを最大の競争相手の市場シェアで割ったものです。それが1.0以上の場合は，単独で業界のリーダーであることを示しており，競合企業よりも高い利益をあげられます。つまり，相対的マーケットシェアの高さと事業から得られる資金との間には相関関係があると考えられ，資金流入は，相対的マーケットシェアを代理変数としてみることができます。

　一方，企業からの資金流出は，前節で説明した製品ライフサイクルの観点から考えられます。導入期には，製品の売り上げは少なく，消費者の製品認知のために多額の支出が生じます。成長期でも，生産規模の拡大などによって支出は多い状態です。成熟期や衰退期になると，設備投資は少なくなり，資金流出は減少します。つまり，導入期や成長期といった市場成長率の高い段階では，多額の投資が必要となり，成熟期や衰退期といった市場成長率が低い段階になると，投資は少なくなります。このように市場成長率の高さと事業に必要な資金との間には相関関係があると考えられ，資金流出は，市場成長率を代理変数とすることができるのです。

　ここからは，PPMの4つのセルについてみていきましょう。まずは，**花形**です。花形事業は，市場成長率の高い業界で，相対的に市場シェアが高い事業です。競争力が高いため，収益性はよいものの，市場成長率が高いため，投資が必要になり，支出も大きくなります。そのため，花形事業の資金の流れは，多くの資金流入がありながらも，資金流出も多いといえます。

　続いて，**金のなる木**です。金のなる木は，市場成長率の低い業界に属し，相対的な市場シェアは高い事業です。リーダーとして競争力が高いために，収益性は高くなります。また製品ライフサイクルの成熟期以降の産業であり，市場成長率は低いため，大きな投資が必要とされません。そのため，キャッ

シュフローの観点からみると，多くの資金を生み出せる事業といえます。

　3つ目のセルは**問題児**で，市場成長率が高い産業で，相対的な市場シェアが低い事業です。製品ライフサイクル上では導入期や成長期にあたる産業に属するため，多大な投資が必要になります。その一方，競争地位は低いため，低収益です。つまり，多くの投資を必要としながらも，あまり稼ぎ出せず，資金の流出入でみると，マイナスの事業になります。

　最後は，**負け犬**です。これは，市場成長率は低い産業に属し，相対的マーケットシェアが低い事業です。製品ライフサイクルの成熟期から衰退期にあるため，ほとんど投資は必要とされません。また相対的マーケットシェアは低いため，収益性は低く，資金の流出入ともに少ないとされています。現段階だけではなく，将来的にも大きな収益が期待できないため，負け犬事業は，撤退などを検討する必要があります。

　PPMから得られる戦略的示唆（**図表4－5**）の1つは，金のなる木から得られる資金を問題児に投資して，問題児の相対的マーケットシェアを上げることです。問題児が属する業界は，導入期や成長期にあたり，時間が経てば，市場成長率は低下していきます。問題児を花形への成長させることができれば，将来の金のなる木を作り出すことができます。そして，再び金のなる木で得た資金を次世代の問題児に投資していきます。このように複数事業間でのダイナミックな資金配分が行うことができれば，企業全体として長期間にわたって成長していくことが可能になるといわれています。

図表4－5 ▶▶▶ PPMの戦略的示唆

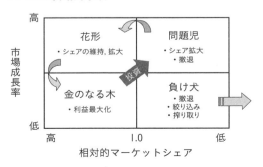

PPMは直接的にはキャッシュフローから多角化における事業構成を考えるための手法です。しかし，同時にコア技術戦略においても，コア技術が活用されている事業が，製品ライフサイクル，収益性，市場成長率の視点からどのように位置づけられるかを確認するうえでも役に立ちます。もし，PPM上でバランスが崩れているなら，既存のコア技術による新たな市場の開拓や，新たなコア技術の形成が必要だということになります。

4 先発者の優位と後発者の優位

　企業は成長のために多角化し，新しい事業分野に進出します。その際，いつのタイミングで産業に参入するのかが，企業の優位性に影響を与えます（Lieberman and Montgomery［1988］；山田・遠藤［1998］）。

　いち早く市場に参入した企業（**先発者**）が，競争優位を構築できることは，**先発者の優位**と呼ばれます。たとえば，宅急便，味の素，チャック，カップヌードル，セロテープなど，これらの製品名は普通名称のように使われますが，先発者の製品名がそのままその製品を指す一般名詞となったものです。

　ただし，市場に参入するタイミングが早ければ早いほどよいのかというと，そうではなく，遅れて参入した企業（**後発者**）が競争優位を獲得できる**後発者の優位**と呼ばれる事例も多数あります。カメラのキヤノン，コンピュータのIBM，パソコン用OS・ソフトウェアのMicrosoft，インターネット関連サービスのGoogle，SNSのFacebookなどが挙げられます。

　それでは，先発者と後発者の優位性の源泉についてみていきましょう。

4.1 先発者の優位

　「先手必勝」という四字熟語があるように，先手を打つことの肝要さは昔から知られてきました。この先発者の優位は，なぜ生じるのでしょうか。

　第1に，先発者は，事業に必要な技術者や原材料の供給元，販路を他社に先んじて押さえられる**希少資源の先取り**が可能です。優れた技術者の採用に

より，製品開発の成功確率は上がるでしょう。原材料が簡単に調達できない場合，調達元をいち早く自らのビジネスシステムに組み入れることが重要です。また，販売店の棚は限られており，早くにスペースを占有することができます。修理などのアフターサービスも大切で，販売店が多くの企業のアフターサービスを手がけることは難しいため，早くに流通チャネルを確保することは優位性につながります。

第2に，先発者は**特許**による参入障壁を築くことができます。技術を開発した人や企業は多大な費用をかけているにもかかわらず，模倣にはコストがほとんどかからないため，発明の権利を保護するのが特許の目的です。先発者が特許を取得すれば，それが保護されている期間は，後発者の新規参入を妨げる参入障壁として機能します。たとえば，医薬品の模倣は容易なため，医薬品産業では，特許が先発者の優位を確立する強力な手段となっています。

第3に，先発者は早くから製品の生産を始めることで，累積生産量が先に増大していくため，**経験曲線効果**を先取りできます。先発者が生産規模を拡大しながら，累積生産量を積み重ねていけば，コスト優位を発揮することができます。

第4に，先発者の製品は，消費者にとって初めての製品となることが多いため，もし買い手側に**スイッチングコスト**が多くかかるのであれば，消費者は引き続いて先発者の製品を購入し続けることになります。スイッチングコストとは，消費者が現在利用している製品から，別の製品に乗り換える際に負担しなければならないコストで，金銭的なコスト以外にも，新しい製品に慣れるのに要する手間コストや心理的なコストも含んだものです。キーボードの「QWERTY配列」は，人間工学的に必ずしも優れているわけではありませんが，多くの人がこの配列に慣れてしまうと，他の配列方式のキーボードへ切り替えることは難しくなります。このように，早い段階で消費者を囲い込めることは先発者の優位につながります。

4.2　後発者の優位

　いつでも先発者が優位になるわけではありません。産業に後から参入してきた後発者が，先発者を逆転して優位に立つことも可能です。後発者の優位は，どうして生じるのでしょうか。

　後発者は，需要や技術の不確実性を見極められます。生まれて間もない市場では，どのような特徴や機能をもった製品が顧客に受け入れられるのか，明確ではないため，先発者は多様な製品を作りながら，顧客が何を求めているのか明らかにしていかなければなりません。そして，顧客が欲しい機能や特徴をどういった技術で実現するのか，また量産するためにはどのような技術が必要となるのか，そのための研究開発は先発者が行い，後発者は，不確実性が取り除かれた後に市場参入の判断を行えます。よって，後発者はこの研究開発コストを抑えられます。

　また，製品ライフサイクルの導入期での企業の戦略目標が製品の顧客認知であったように，先発者は，製品を消費者に知ってもらうためのプロモーションコストを負担しなくてはなりません。このように先発者には市場を切り拓くために，多くの努力とコストが必要とされますが，あとから参入する後発者は，こうした市場開拓をしなくてもよいわけです。

　以上のように，後発者には，先発者の戦略の巧拙にかかわらず，製品化や初期の市場確保に伴うコストやリスクを節約するという**ただ乗り効果**の獲得ができ，参入後の競争に資源集中することで後発者の優位を得ることが可能になるのです。

　そのほかに，大きな環境変化が起きた際に，先発者が組織的な理由によって対応できないため，後発者が逆転することもあります。技術革新などが起きた場合，先発企業は既存技術を開発するために多くの資金や労力をかけており，既存技術を捨てると失う**サンクコスト**が高くつくため，新技術への対応が遅れることがあります。すると，後発者はそのスキを突いて，先発者を逆転することがあります。

4.3 先発者の優位と後発者の優位の分水嶺

　では，先発者の優位と後発者の優位の分水嶺とはどのようなものでしょうか。

　まず，特許が強く保護されている場合には，先発者が優位になります。逆に法的制度などで保護されない場合には，後から参入する後発者による模倣が容易になるため，後発者の優位といえるでしょう。

　経験曲線効果が強くはたらく場合，つまり多くの製品を作れば作るほど単位当たりコストが低下する場合には，先に生産を始める先発者が優位となります。反対に，経験効果があまりはたらかない場合には，後発者に逆転のチャンスが出てきます。

　また，消費者が先発者から後発者の製品に切り替えるときに，多くのスイッチングコストがかかる場合，消費者は製品の切り替えをしたがらず，先発者の優位は持続します。一方，スイッチングコストがそれほど高くなければ，後発者の製品を顧客が気に入った場合，簡単に乗り換えられてしまいます。

　最後に，非連続的な技術革新が生じる場合には，後発者が優位になる可能性は高く，それがなければ，先発者は優位を維持できるでしょう。

Working　　　　　　　　　　　　　　　　　　　調べてみよう

　興味のある産業の製品ライフサイクルについて調べてみよう。また，その産業に属する1つの企業を取り上げ，その戦略について分析してください。

Discussion　　　　　　　　　　　　　　　　　　議論しよう

1.　多角化している企業を取り上げて，その製品ポートフォリオ・マネジメントについて考察してください。
2.　複数の産業を取り上げ，参入各社を先発者と後発者に分類したうえで，それぞれにどのような優位性があったのか議論してみよう。

▶ ▶ ▶さらに学びたい人のために ─────────

- コトラー，P．・ケラー，K.L. 著，恩藏直人監修，月谷真紀訳［2008］『コトラー
  ＆ケラーのマーケティング・マネジメント（第12版)』ピアソン・エデュケー
  ション。
- 延岡健太郎［2006］『MOT［技術経営］入門』日本経済新聞社。
- 山﨑喜代宏［2017］『「持たざる企業」の優位性─基盤技術を保有しない企業の製
  品開発』中央経済社。

参 考 文 献

- コトラー，P．・ケラー，K.L. 著，恩藏直人監修，月谷真紀訳［2008］『コトラー＆ケラー
  のマーケティング・マネジメント（第12版)』ピアソン・エデュケーション。
- 斎藤冨士郎［2005］「組織能力としてのコア技術形成能力」『経営・情報研究』No.9, 33-54
  頁。
- 延岡健太郎［2002］『製品開発の知識』日本経済新聞社。
- 山田英夫・遠藤真［1998］『先発優位・後発優位の競争戦略─市場トップを勝ち取る条件』
  生産性出版。
- Lieberman, M. and Montgomery, D.［1988］"First-mover advantages," *Strategic
  Management Journal,* Vol.9, Issue S1, pp.41-58.

第 **5** 章 | 技術と制度

Learning Points

▶技術経営で扱う制度とは何かについて学びます。
▶特許権の問題を中心として，知的財産のマネジメントについて学びます。
▶デファクト・スタンダードの問題を中心として，業界標準のマネジメントについて学びます。
▶知的財産と業界標準をめぐるオープン戦略とクローズド戦略について学びます。

Key Words

**知的財産　業界標準　デファクト・スタンダード　オープン戦略
クローズド戦略**

1 技術と制度

　本章では，技術経営における技術と制度の関係について学びます。

　ここでの制度とは，法規制や規格・標準などの権利を保護したり，企業の活動を制約・促進したりするものを指します。たとえば，著作権制度のような法規制は，作品の制作者の権利を保護するように作用します。また，**製造物責任法（PL 法）**のような法規制は，安全な製品を製造するように義務づけることで，企業の製品開発に制約をもたらします。

　制度は，技術開発や製品開発を制約・促進する要因として作用します。近年，企業が独自技術から競争優位を生み出すためには，制度面のマネジメントの重要性が高まってきています。特許権をはじめとする**知的財産**のマネジメントや，規格競争をはじめとする業界標準のマネジメントに失敗すると，企業は優れた技術を開発したとしても，そこから競争優位を生み出すことが

難しくなってしまいます。

　第4章で学んだように，たとえば特許制度は，先発者や後発者の優位性に影響を与える要因として作用します。研究開発には多大なコストがかかるのに対して，その成果の模倣にはそれほどコストがかかりません。そのため，特許制度による保護が強く作用する場合には，先発者は参入障壁を築くことができるため，先発者に優位性がありました。その一方で，特許制度による保護が弱い場合には，後発者による模倣が容易になるため，後発者に優位性がありました。

　同様に，**業界標準**は，技術の規格競争を通じて，先発者や後発者の優位性に影響を与える要因として作用します。第4章でも触れた，キーボードの配列方式である「QWERTY配列」は必ずしも技術的に優れているわけではありませんでしたが，多くのユーザーがこの配列に慣れてしまい業界標準となりました。そのため，QWERTY配列から他の配列方式のキーボードに切り替えることはユーザー側にスイッチングコストがかかることから，先発者の優位性につながりました。その一方で，業界標準を獲得したとしても，スイッチングコストがそれほど高くなければ，ユーザーは他の優れた技術に乗り換えることが容易になるため，後発者にも逆転のチャンスが生まれます。

　そこで，本章では，制度の中でも，とくに，知的財産と業界標準に焦点を当て，技術と制度の関係について考えていきます。

2　知的財産のマネジメント

2.1　知的財産とは

　知的財産とは，知的な無形資産の中でも法的な権利保護の対象となるもののことを指します。主な**知的財産権**は，図表5－1のように，特許，実用新案，意匠，著作権，商標，営業秘密などに分類することができます。

　知的財産権には，大きく分けると2つの役割があります。ここでは，知的

図表 5 − 1 ▶ ▶ ▶ 主な知的財産権の種類

	特許	実用新案	意匠	著作権	商標	営業秘密
保護対象	発明	考案	意匠	著作物	商品の商標	ノウハウなど
主たる保護要件	• 新規性 • 進歩性 • 登録	• 新規性 • 進歩性 • 登録	• 新規性 • 創作非容易性 • 登録	• 創作	• 誤認を生じさせないこと • 登録	• 秘密保持のための管理 • 事業活用に有用

出所：一橋大学イノベーション研究センター編［2001］335 頁をもとに筆者作成。

財産権の中でも**特許権**についてみていきます。

　第1に，特許権には，研究開発への取り組みを促進させる役割があります。特許権による保護がなければ，自社が多大なコストをかけた研究成果を他社にフリーライド（ただ乗り）されてしまいます。そのため，企業の研究開発に投資するインセンティブが低下する可能性があります。そこで，特許権は，企業が研究開発に投資するインセンティブを高めるために，研究開発の成果から得られる利益を専有できる権利を与えます。

　第2に，特許権には，研究開発の成果の公開を促進させる役割があります。研究開発の成果の公開は，他社が自社と同じ内容の研究開発を重複して行う無駄を排除したり，他社が自社の研究開発の成果に続くような新たな研究開発の成果を生み出すきっかけとなったりします。そのため，研究開発の成果の公開は，研究開発の効率化やその後の発展をもたらす可能性があります。そこで，特許権による保護は，研究開発の成果を公開することが条件となっています。

　このように，特許権には，研究開発への取り組みを促進させる役割と研究開発の成果の公開を促進させる役割があります。特許権の取得は，企業にとって研究開発の成果を専有できるメリットをもたらします。その一方で，特許権の取得は，企業にとって研究開発の成果の内容が他社に知られてしまうという情報公開のデメリットをもたらします。

2.2 知的財産をめぐる競争

　企業の知財戦略（知的財産権戦略）には，**図表5－2**のように，研究開発の成果を特許出願によって保護するか企業秘密で保護するかという2つの選択肢があります。

　第1は，**特許出願**です。特許権を取得した企業は，その発明技術を独占的に使用する権利を得ることができます。その一方で，特許出願にもデメリットがあります。まず，特許出願には費用がかかり，特許権の維持にも費用がかかります。また，特許出願によって他社に知られたくない情報も公開する必要があります。

　第2は，**企業秘密**です。特許出願にはデメリットもありました。そこで，企業には，発明技術をノウハウとして企業秘密にするという選択肢もあります。秘密管理がなされ公然と知られていない事業活動に有用なノウハウは，営業秘密として，不正競争防止法による保護の対象となります。また，他社が特許出願する以前に，すでに自社で事業活動にそのノウハウを使っていたことを立証することができるならば，先使用権制度による保護の対象となります。

図表5－2 ▶▶▶特許出願と企業秘密

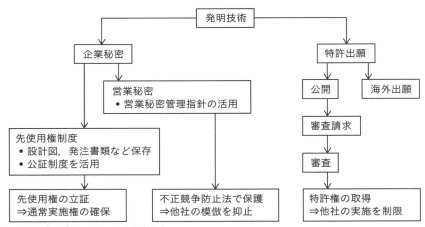

出所：宮崎［2011］23頁をもとに筆者作成。

図表 5 − 3 ▶ ▶ ▶ 特許権の行使と目的

特許権行使の選択肢		目的
独占的な利用		自社による独占的な利用
ライセンス	ストレート・ライセンス	ライセンス収入の確保 技術の標準化
	クロス・ライセンス	ライセンス料の相殺 侵害訴訟コストの回避
	パテントプール	取引費用の節約 過剰なライセンス料の回避
防衛的な利用		防衛特許としての保有 将来的な利用可能性

出所：一橋大学イノベーション研究センター編［2001］351 頁をもとに筆者作成。

　図表 5 − 3 は，特許権の行使と目的を示したものです。特許権行使には，**独占的な利用**，**ライセンス**，**防衛的な利用**という 3 つの選択肢があります。

　第 1 は，独占的な利用です。特許権は，研究開発の成果を専有する権利を保護します。そのため，特許権を取得した企業は，他社に模倣されることなく，研究開発の成果である発明技術を独占的に利用することができます。

　第 2 は，ライセンスです。企業は，発明技術を独占的に使用するだけでなく，その発明技術の使用を他社に有償で許可することもできます。ライセンスのタイプには，**ストレート・ライセンス**，**クロス・ライセンス**，**パテントプール**などがあります。

　ストレート・ライセンスは，自社が保有する特許の実施許諾を他社に一方的に与えることです。発明技術の実施許諾を他社に有償で提供することは，ライセンス収入の確保につながります。その一方で，発明技術の実施許諾を他社に無償で提供することは，自社技術の標準化にもつながっていきます。

　クロス・ライセンスは，自社が保有する特許の実施許諾と他社が保有する特許の実施許諾を相互に交換することです。複数の企業が保有する特許権を相互に提供し合わないと製品開発が困難な場合には，企業間で特許の実施許諾を提供し合うことで，ライセンス料を相殺したり，特許権侵害の訴訟を回避したりすることができます。

　パテントプールは，複数の特許権保有者が特許権に関する権限を特定の組

織に集中させ，その組織を通じて各自が必要とするライセンスを受ける仕組みのことです。パテントプールを通じて一括して契約交渉する場合には，多数の特許権保有者と個別に契約交渉する取引費用が節約できたり，個別のライセンス料が集積して過剰なライセンス料となることを回避できたりします。

第3は，防衛的な利用です。特許権を取得した企業は，必ずしもその特許技術を事業活動に利用しているとは限りません。企業は，競合企業が利用するのを防ぐために特許技術を保有したり，自社が将来的に利用する可能性があるために特許技術を保有したりします。

以上のように，特許権を中心として，企業の知的財産のマネジメントについて考えてきました。それでは，次に，業界標準のマネジメントについて考えていきます。

3 業界標準のマネジメント

3.1 業界標準とは

業界標準とは，特定の業界で広く認められた支配的な標準のことです。皆さんの身の回りにある業界標準の例として電池があります。どの企業の電池でも規格が合っていれば，電池を動力とする電気製品に使用することができます。その一方で，もし企業ごとに電池の規格が異なっていたら，ユーザー側も企業側も電池と電気製品の対応を逐一確認しなければなりません。そのため，業界標準が定まっていないと，ユーザーの利便性や企業の生産効率が損なわれてしまう可能性があります。

業界標準はその決定の仕方でいくつかのタイプに分類できます。ここでは，2つのタイプの業界標準についてみていきます。

第1は，**デジュール・スタンダード**です。デジュール・スタンダードとは，公的機関によって定められた標準のことです。デジュール・スタンダードには，**国際標準化機構（ISO）**のような国際的な標準化機関で合意される国際

標準や，**日本工業標準調査会（JISC）**のような各国内の標準化機関で合意される国家標準などがあります。単3や単4などの日本国内の電池の規格は，**JIS（日本工業規格）**という国家標準が定められています。

第2は，**デファクト・スタンダード**です。デファクト・スタンダードとは，市場での競争の結果として支配的な地位を占め，事実上の業界標準として機能する標準のことです。デファクト・スタンダードには，マイクロソフトのPC用OS（オペレーティング・システム）であるWindowsや，キーボードの配列方式であるQWERTY配列などをはじめとして，さまざまな例があります。

このように，デジュール・スタンダードでは，標準化機関による合意形成によって業界標準が定められます。その一方で，デファクト・スタンダードでは，市場での競争の結果として業界標準が定められます。また，近年では，市場での競争の前に複数の企業間で合意形成がなされる標準として，コンセンサス標準の重要性も高まってきています。

3.2 業界標準をめぐる競争

業界標準のタイプには，デジュール・スタンダードとデファクト・スタンダードがありました。ここでは，業界標準の中でもデファクト・スタンダード獲得に関する規格競争についてみていきます。

デファクト・スタンダードの獲得には，**ネットワーク外部性**の性質を理解することが重要になります。ネットワーク外部性とは，製品やサービスのユーザー数が増加するほど，その製品やサービスから得られる利便性が増加する性質のことです。このネットワーク外部性には，**直接ネットワーク効果**と**間接ネットワーク効果**があります。

直接ネットワーク効果とは，ユーザー数が増えるほどユーザーの利便性が増す効果のことです。また，間接ネットワーク効果とは，ユーザー数の増加によって補完財の数も増加し，その結果としてユーザーの利便性が増す効果のことです。**補完財**とは，ハードとソフトの関係のように，ある製品やサー

図表 5 − 4 ▶▶▶ネットワーク外部性の例

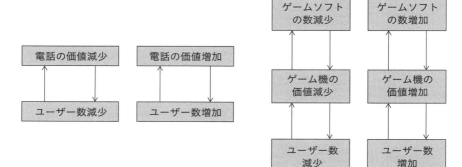

出所：筆者作成。

ビスと一緒に利用されることによって，その製品やサービスから得られる利便性を増加させる製品やサービスのことです。

　たとえば，**図表 5 − 4 Ⓐ**のように，電話には直接ネットワーク効果が作用します。電話のユーザーが 2 人の場合は，その 2 人の間でしかコミュニケーションをとることができません。そこで，電話のユーザーが 10 人，100人，1,000 人，10,000 人…と，電話のユーザー数が増えれば増えるほど，電話で多くの人々とコミュニケーションをとることができるようになり，結果として，電話のユーザーの利便性が増加します。

　また，**図表 5 − 4 Ⓑ**のように，ゲーム機とゲームソフトには間接ネットワーク効果が作用します。あるゲーム機に対応するゲームソフトがない場合は，ユーザーはそのゲーム機を購入してもゲームを楽しむことができません。また，あるゲーム機を所有しているユーザーが少ない場合は，ゲームソフト企業はそのゲーム機にゲームソフトを提供しても多くの売上を期待することができません。その結果，ユーザー数の少なさがゲームソフト数の少なさにつながり，ゲームソフト数の少なさがユーザー数の少なさにつながる，悪循環（ネガティブ・フィードバック）が引き起こされてしまいます。

　その一方で，あるゲーム機に対応するゲームソフトが多い場合は，ユー

ザーはそのゲーム機を購入することで多くのゲームを楽しむことができます。また，あるゲーム機を所有しているユーザーが多い場合は，ゲームソフト企業はそのゲーム機にゲームソフトを提供することで多くの売上を期待することができます。その結果，ユーザー数の増加がゲームソフト数の増加につながり，ゲームソフト数の増加がユーザー数の増加につながる，好循環（ポジティブ・フィードバック）が形成されます。

　ネットワーク外部性が強く作用する場合には，自社の規格や製品をいち早く普及させることが重要になります。**インストールド・ベース**とは，ある規格や製品がすでに獲得している総ユーザーのことです。ネットワーク外部性が働き始めるインストールド・ベースは，**クリティカル・マス**と呼ばれています。このクリティカル・マスをいち早く超えた規格や製品には，ネットワーク外部性のポジティブ・フィードバックが生じ，デファクト・スタンダードを獲得する可能性が高くなります。

　規格競争では，**自社規格**を普及させて業界標準を獲得するために企業がとる行動は，競争行動と協調行動に分類することができます。一方で，自社規格を他社に非公開にして単独で業界標準を獲得することで，そこから得られる価値を独占する競争行動をとることができます。他方で，自社規格を他社に公開して業界標準を獲得することで，そこから得られる価値を他社と分け合う協調行動をとることもできます。

　以上のように，業界標準の中でもデファクト・スタンダードを中心として，企業の業界標準のマネジメントについて考えてきました，それでは，最後に，オープンとクローズドという視点から，知的財産や業界標準をめぐる企業間の競争行動と協調行動について考えていきます。

4 / オープン戦略とクローズド戦略

4.1 / 競争と協調

　知的財産や業界標準をめぐる競争では，企業間の**競争と協調**が混在しています。第3章で学んだ業界構造分析では，既存企業間の対抗度，新規参入の脅威，代替品の脅威，買い手の交渉力，売り手の交渉力という企業を取り巻く5つの競争圧力が高い（低い）産業であれば，そこから得られる価値が低く（高く）なると考えられていました。

　価値相関図では，図表5－5のように，競争相手，顧客，供給者，補完的生産者という企業を取り巻く4つの要因（プレイヤー）との関係性から，価値の創造と配分について考えていきます。補完的生産者（補完企業）とは，単純には，自社の製品やサービスの補完財を提供する企業のことです。たとえば，ゲーム機企業にとっての補完的生産者は，ゲーム機の補完財を提供するゲームソフト企業ということになります。

　業界構造分析と価値相関図とでは，注目する点が少し異なっています。業界構造分析では価値の創造や配分をめぐる競争関係に注目しているのに対して，価値相関図では価値の創造や配分をめぐる競争関係だけでなく協調関係にも注目しています。そのため，価値相関図では，補完的生産者と協調して価値を創造する側面だけでなく，競争相手とも協調して価値を創造する側面についても考えていきます。その一方で，価値を配分する側面では，どの部分では協調して，どの部分では競争していくのかについても考えていく必要があります。

　そこで，知的財産や業界標準のマネジメントにおける価値創造や価値配分の仕組みづくりでは，何を公開したり共有したりするのかという**オープン戦略**と，何を非公開にしたり専有したりするのかという**クローズド戦略**が重要な意思決定となります。なお，クローズド戦略は，論者によりクローズ戦略とも呼ばれますが，英語では Open Strategy に対置されるのは一般的に

図表 5 − 5 ▶ ▶ ▶ 価値相関図

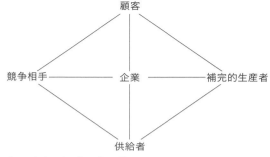

出所：ブランデンバーガー・ネイルバフ［2003］41 頁。

Closed Strategy であることから，本書ではクローズド戦略と呼ぶことにしています。

4.2 知的財産をめぐるオープン戦略とクローズド戦略

ここでの知的財産をめぐるオープン戦略とクローズド戦略とは，研究開発の成果を他社に公開したり利用させたりしてオープンにするのか，他社に非公開にしたり自社で専有したりしてクローズドにするのかという意思決定のことを意味します。

図表5−6は，**オープン&クローズド戦略**による知的財産のマネジメントを示したものです。オープン&クローズド戦略とは，自社技術を普及させる仕組みをつくるためにオープン戦略をとりながらも，自社の価値の源泉となる技術領域を守るためにクローズド戦略をとることで，事業を通して顧客価値の換金化を実現する**価値創造**と，そうして創造された価値から自社の事業利益を確保する**価値獲得**の両立を図ることです。

図表5−6の**Ⓐ**では，すべての領域に知的財産を張りめぐらせています。多くの特許を取得することは，自社技術の保護や，クロス・ライセンスによる特許侵害訴訟の回避やライセンス料の支払いを抑えることに貢献します。複雑な技術体系の製品では，必要とされる特許の数が非常に多く，それらを

図表5－6 ▶▶▶知的財産をめぐるオープン&クローズド戦略

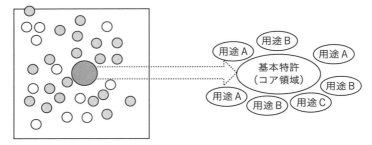

出所：小川［2015］349頁をもとに筆者作成。

1社で独占することは困難なため，クロス・ライセンスが必須になります。クロス・ライセンスになると，自社にとっては長い時間や巨額の研究開発投資の結果生み出した技術がわずかなコストダウン効果しかもたらしません。

　その一方で，**図表5－6**の**Ⓑ**では，コア領域に知的財産を集中させるクローズド戦略をとりながらも，コア領域のインターフェースの標準化を推進するオープン戦略もとっています。オープン&クローズド戦略をとる企業は，自社のコア領域に知的財産を集中させ，そのコア領域と他社技術の境界にも知的財産を集中させています。自社のコア領域を徹底的に守ることで，クロス・ライセンスを排除することができます。また，インターフェースを標準化することで，競争相手に他の領域を任せながら市場の拡大も図ることもできます。

　このように，知的財産をめぐるオープン戦略とクローズド戦略では，価値創造と価値獲得を両立するために，どの部分をコア領域として守りながらも，どの部分を標準化して他社に公開したり利用させたりするのかという意思決定が重要になります。

4.3　業界標準をめぐるオープン戦略とクローズド戦略

　ここでの業界標準をめぐるオープン戦略とクローズド戦略とは，自社規格を他社に公開したり利用させたりしてオープンにするのか，自社規格を他社に公開したり利用させたりするのを避けてクローズドにするのかという意思決定のことを意味します。

　クローズド戦略のメリットは，自社単独で業界標準を確立することによって，創造された価値を独占的に獲得できるようになることです。そのためには，特許や企業秘密などで他社の模倣を防ぐ必要があります。その一方で，クローズド戦略のデメリットは，企業1社の資源や能力では自社規格を普及させることが難しいことです。

　オープン戦略のメリットは，他社と協力することで自社規格の普及を促進できることです。そのためには，自社規格の技術仕様を公開したりライセンス料を低くしたりする必要があります。その一方で，オープン戦略のデメリットは，業界標準の確立後に創造された価値をめぐる**規格内競争**が始まることです。規格内競争では，業界標準の確立時に協調行動をとった企業同士でも，業界標準の確立後は価値獲得のための競争行動をとることになります。

　図表5－7は，製品技術と補完財の関係に注目したものです。製品技術と補完財ともにオープン戦略の場合は，業界標準の確立が容易になるものの，業界標準確立後には規格内競争が始まり，価値獲得が困難になる可能性があります。その一方で，製品技術と補完財ともにクローズド戦略の場合は，業界標準の確立後には自社単独での価値獲得が容易になるものの，自社単独では業界標準の確立が困難になる可能性があります。

　そこで，オープン戦略とクローズド戦略の組み合わせることも考えます。たとえば，補完財ではオープン戦略をとって自社製品の普及を図り，製品技術ではクローズド戦略をとって自社製品が他社に模倣されるのを防ぐことで，業界標準の確立やその後の価値獲得が比較的容易になる可能性があります。

　このように，業界標準をめぐるオープン戦略とクローズド戦略では，業界標準を確立するためにどの部分をオープンにするのか，業界標準の確立後に

図表 5 － 7 ▶▶▶業界標準をめぐるオープン戦略とクローズド戦略

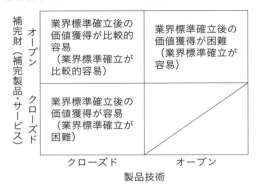

出所：近能・高井［2010］179 頁をもとに筆者作成。

多くの価値を獲得するためにどの部分をクローズドにするのかということが重要な意思決定になります。

Working ▨▨▨ 調 べ て み よ う

1. 好きな製品を選び，その製品に関連する業界標準や知的財産について調べてみましょう。
2. 知的財産あるいは業界標準のマネジメントに成功していると考えられる企業の事例を調べ，その成功理由について考えてみましょう。

Discussion ▨▨▨ 議 論 し よ う

業界標準の事例を思いつく限り挙げ，その特徴について議論してみましょう。

▶▶▶さらに学びたい人のために ────────────────

- ●淺羽茂［1995］『競争と協力の戦略─業界標準をめぐる企業行動』有斐閣。
- ●鮫島正洋・小林誠［2016］『知財戦略のススメ─コモディティ化する時代に競争優位を築く』日経 BP 社。
- ●新宅純二郎・江藤学編著［2008］『コンセンサス標準戦略─事業活用のすべて』日本経済新聞出版社。

参 考 文 献

- ●小川紘一［2015］『オープン & クローズ戦略─日本企業再興の条件（増補改訂版）』翔泳社。
- ●近能善範・高井文子［2010］『コア・テキスト　イノベーション・マネジメント』新世社。
- ●一橋大学イノベーション研究センター編［2001］『イノベーション・マネジメント入門』日本経済新聞社。
- ●ブランデンバーガー, A.・ネイルバフ, B. 著，嶋津祐一・東田啓作訳［2003］『ゲーム理論で勝つ経営─競争と協調のコーペティション戦略』日本経済新聞社。
- ●宮崎正也［2011］『コア・テキスト　事業戦略』新世社。

イノベーションの理論

▶本章では，イノベーションに関連するいくつかの理論を学びます。

▶まずイノベーションの定義と分類を確認します。イノベーションとは何なのかを理解するのが目的です。

▶次にイノベーションの発生と普及のパターンを学び，その動態を理解します。

▶最後にイノベーションと経済，社会，そして企業経営の関係について学びます。

イノベーション　抜本的イノベーション　漸進的イノベーション
A-U モデル　ドミナント・デザイン　普及曲線

1 イノベーションとは

1.1 新結合としてのイノベーション

　はじめに，**イノベーション**を定義しておきましょう。イノベーションの定義にはさまざまなものがありますが，よく引用されるのがシュンペーター（「シュムペーター」と表記されることもある）によるものです。シュンペーターは，「経済における革新は，新しい欲望がまず消費者の間に自発的に現れ，その圧力で生産者が変化することで発生するのではなく，生産の側から消費者に新しい欲望が教え込まれることによって発生する」と指摘しました。そのうえで，この経済における革新のきっかけとなるのはさまざまな物や力の新結合の遂行である，と述べたのです。このように，シュンペー

ターはイノベーションを「生産者による物や力の新たな結合」（シュムペーター［1977]）と定義しました。

また，シュンペーターは，この定義をわかりやすくするため，新結合の5つの類型を紹介しています。

①消費者にとって未知な新たな財，あるいは新たな品質の財の導入
②当該分野でこれまで試みられたことのない，新たな生産方式の導入
③新たな市場の開拓
④原材料あるいは半製品の新たな供給源の獲得
⑤新たな産業構造の実現

これらをみると，彼がイノベーションとして想定していたものが，いわゆる製品だけではないことがわかります。私たちは，イノベーションというと具体的な製品やサービス（たとえば，スマートフォンやリニア中央新幹線）を思い浮かべますが，彼の考察の範囲は，生産方法や売り方，調達，あるいは産業構造にまで及んでいます。こういったさまざまな局面で実現される物や力の新たな組み合わせが，イノベーションだというのです。

1.2 プロセスとしてのイノベーション

一方，ティッドとベサントは，イノベーションを「アイデアを実現し，そこから価値を獲得するプロセス」だと定義しました（Tidd and Bessant ［2009]）。彼らは，トーマス・エジソンの偉業を例に挙げてこのことを説明しています。エジソンは，電球をはじめとしてさまざまな発明を成し遂げたことで知られています。しかし，ティッドとベサントは，エジソンが偉大なのは電球を発明したからではなく，それを普及させるために発電・送電のインフラを整備し，ランプスタンドやスイッチ，配線の方法までデザインしたからだというのです。このことから，イノベーションを成し遂げるということは，アイデアを実際の製品やサービスとして具現化し，それを事業化して経済的な利益を獲得することまでを含んでいることがわかると思います。

1.3 ／ イノベーションの定義

　以上の２つの見方を組み合わせて，本書ではイノベーションを「さまざまな物や力の新結合を実現し，経済的な価値を獲得するプロセス，およびそれにより実現した新結合」と定義します。

2 ／ イノベーションのタイプ

2.1 ／ 技術の革新性による分類

　ここまで示したイノベーションの定義は，非常に広い範囲をカバーしています。しかし，実際のイノベーションは，いくつかのタイプに分類することができます。

　イノベーションの分類において最も重要なのが，技術の革新性による分類です。自動車を例に考えてみましょう。19世紀の終わりごろ，馬車に変わる移動手段として自動車が登場しました。当初の自動車は，お金持ちだけが保有できる贅沢品でしたが，次第に生産の方法や製品そのものに改良が加えられ，多くの人が購入できるまで価格が下がっていきました。

　自動車は，これまで馬車が担ってきた移動という手段を完全に代替してしまいました。このように，既存のものとはまったく異なることを成し遂げることを**抜本的イノベーション**（radical innovation）といいます。それに対し，自動車の生産方法や自動車そのものを改良するように，既存のものをより良くすることを**漸進的イノベーション**（incremental innovation）といいます。

2.2 ／ 組織能力への影響による分類

　もう１つの重要なイノベーションの分類は，組織能力への影響による分類です。ここでは**能力破壊型イノベーション**（competence-destroying innova-

tion）と**能力発展型イノベーション**（competence-enhancing innovation）の
分類を取り上げます。

　能力破壊型／能力発展型の分類では，抜本的イノベーションを組織能力へ
の影響によって分類します。能力破壊型イノベーションは，ある業界におい
て，製品の開発・生産に必要な能力を置き換えてしまうようなイノベーショ
ンです。一方，能力発展型イノベーションは，性能を抜本的に高めるのです
が，既存の製品の開発・生産に必要な能力はそのまま使えるようなイノベー
ションです。

　たとえば，デジタルカメラが登場することによって，既存の写真用フィル
ムのメーカーが保有していたフィルムを開発・生産する能力は，役に立たな
くなってしまいました。このとき，デジタルカメラは能力破壊型イノベー
ションだといえるでしょう。一方，スマートフォンが登場した際に，既存の
携帯電話メーカーの多くは，それまでの携帯電話の開発・生産能力を活かし
て，スマートフォンを開発することができました。このとき，スマートフォ
ンは能力発展型イノベーションだと考えられます。

2.3　顧客との関係による分類

　もう1つの分類は顧客との関係による分類です。この分類では，それらの
イノベーションによって製品の性能がどのように変わり，それによって顧客
との関係がどう変わるかに注目します。通常，ある業界では，どのような性
能によって製品を評価するかという評価枠組みが決まっています。この評価
枠組みにおいて，少なくとも短期的には性能を引き下げるイノベーションを
破壊的イノベーション（disruptive innovation），性能を引き上げるイノベー
ションを**持続的イノベーション**（sustaining innovation）といいます。

　破壊的イノベーションが問題になるのは，そのようなイノベーションが既
存企業と顧客との関係を分断するからです。通常，既存企業はその業界にお
ける評価枠組みに従って製品を改良しようとします（持続的イノベーショ
ン）。ところが，破壊的イノベーションはその評価枠組みでは性能を引き下

Column	破壊的イノベーションの事例

　破壊的／持続的イノベーションの分類を提唱したクリステンセンは,破壊的イノベーションが企業に与える影響をハードディスクドライブ（HDD）業界を例にして説明しています（クリステンセン[2001];図表6−1）。デスクトップパソコン用の HDD 業界では,各メーカーは保存できるデータ容量で競争していました（図表6−1の🅐）。ここに, 新たな技術で小さい HDD を作るメーカーが登場しました。この小さい HDD はデータ容量では劣るのですが,小さくて軽いためノートパソコンに採用されました（図表6−1の🅑）。ところが, 小さい HDD も徐々に容量が大きくなり, やがてデスクトップパソコン市場の需要も満たすようになり結果として大きい HDD のメーカーは, 小さい HDD のメーカーに競争で負けてしまったのです。この小さい HDD が破壊的イノベーションです。容量という性能を短期的に引き下げたイノベーションだからです。

　では,なぜ大きい HDD を作っていたメーカーは,すぐに小さい HDD を作り始めなかったのでしょうか。ここで, 大きい HDD のメーカーの顧客が重要な役割を果たします。大きい HDD メーカーの顧客はデスクトップパソコンのメーカーですから, 大きな容量を必要としています。このとき, 顧客の要望をきちんと聞こうとするほど, メーカーは小さいHDD を作り始めるという選択をするのが難しくなります。このように, 破壊的イノベーションが登場すると, 「（既存）顧客の声を聞く」という当たり前のマネジメント手法が通用しなくなるのです。

図表6−1 ▶ ▶ ▶ HDD の需要容量と供給容量の軌跡の交差

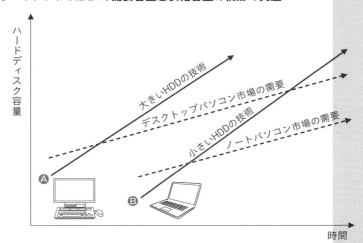

出所：クリステンセン［2001］をもとに筆者作成。

げるわけですから、既存企業は破壊的イノベーションを重要なものだと考えません。既存企業の顧客がそのような製品を欲しがらないからです。

　ここで重要なのは、破壊的イノベーションは既存顧客の評価枠組みでは劣っていますが、新規顧客には高く評価されるような特徴をもっている、ということです。その結果、持続的イノベーションに邁進する既存企業は、新規顧客を獲得することはできません。このように、破壊的イノベーションは、企業と顧客との関係を変えてしまいます。それに対し、持続的イノベーションでは、既存顧客に改良された製品を提供するわけですから、顧客との関係は変わりません。

2.4 　イノベーションの分類の意義

　以上のように、イノベーションは不連続性がどこにあるかに注目することで分類することができます（**図表6－2**）。では、このようにイノベーションを分類することの意義はどこにあるのでしょう。

　第1に、企業は自ら取り組むイノベーションの分類に合わせて、マネジメントの方法を変えることができます。たとえば、抜本的イノベーションに取り組む場合は、不確実性の高さに対応したマネジメント方法が必要になります。

　第2に、企業は外部環境としてのイノベーションへの対応方法を、その分類に合わせて立案することができます。たとえば、外部で破壊的イノベーションが起こっている場合、既存顧客への対応だけでなく、新規顧客へも目を向けて破壊的イノベーションを採用するといった手段を取ることができるでしょう。

図表6－2 ▶▶▶イノベーションの分類

分類の視点		技術の革新性	組織能力への影響	顧客と関係
不連続性の大きさ	大	抜本的イノベーション	能力破壊型イノベーション	破壊的イノベーション
	小	漸進的イノベーション	能力発展型イノベーション	持続的イノベーション

3 イノベーションの動態

3.1 イノベーションの発生パターン

　ここまで，イノベーションはさまざまな方法で分類できることを確認してきました。では，こういった異なるタイプのイノベーションは，まったくランダムに発生するのでしょうか。あるいは，あるタイプのイノベーションの後には，別のタイプのイノベーションが続けて起こる，といったように，その発生には何らかのパターンがみられるのでしょうか。

　この問いに対して，抜本的イノベーションと漸進的イノベーションの間には，ある関係があることが知られています。この関係性のことを，提唱者の名前からアバナシー・アターバックモデル（**A-U モデル**）といいます（Abernathy and Utterback［1978］）。

　例として，自動車産業の歴史をみてみましょう。19 世紀の終わりごろに誕生した初期の自動車は，馬車に馬に変わる動力をつけたものでした。この動力は，現在主流のガソリンエンジンだけではなく，蒸気機関や電気モーターなどさまざまなものが試されていたようです。しかし，ガソリンエンジンの優位性が明らかになるにつれて，車体の前方にエンジンを置いて後輪を駆動するという方式が主流になってきます。

　その後，今度は画期的な生産方法が生み出されました。フォードが移動組立方式を考案し，自動車を安く大量に生産できるようにしたのです。これ以降，自動車産業では製品そのもののさらなる改良と生産方法の改善が続き，現在の姿へと発展していったのです。

　自動車の登場は抜本的イノベーションでした。当初は，さまざまな動力源を用いた自動車が作られましたし，エンジンの配置方法などについても試行錯誤が繰り返されました。つまり，抜本的イノベーションの後しばらくは，製品そのものについてのさまざまな工夫が行われたのです。これを，**製品イノベーション**といいます。

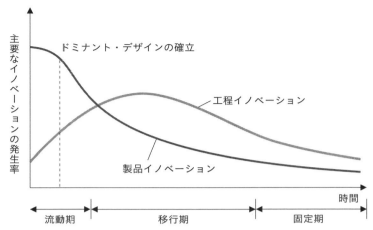

図表6−3 ▶▶▶ **イノベーションの発生パターン（A-U モデル）**

出所：Abernathy and Utterback［1978］をもとに筆者作成。

　ところが，前方にエンジンを置いて後輪を駆動するという設計が主流になると状況が変わりました。製品イノベーションよりも，いかに自動車を効率的に生産するかということに，メーカーの努力が集中するようになったのです。この主流となった設計のことを**ドミナント・デザイン**といい，生産方法についてのイノベーションのことを**工程イノベーション**といいます。

　これを図に表すと**図表6−3**のようになります。抜本的イノベーションの後，しばらくは製品イノベーションが主流になります。この時期は**流動期**と呼ばれます。しかし，ドミナント・デザインが確立されると，今度は工程イノベーションが主流になります。この時期は，**移行期**と呼ばれます。さらに時間が経つとこれらのイノベーションの数も減少し，製品の改良や工程の改善という漸進的イノベーションが主流になります。この時期は，**固定期**と呼ばれます。

　このようなパターンがみられる理由の1つは，ドミナント・デザインが確立されるのに合わせて，製品の評価枠組みが明確になるからです。流動期には，生産者も消費者もその製品に慣れていないため，評価枠組みが曖昧です。そのため，生産者はさまざまな製品イノベーションを試みます。しかし，時

間が経過し，生産者と消費者がその製品に慣れてくると，評価枠組みが明らかになってきます。その結果，その評価枠組みに適合するものがドミナント・デザインとなり，生産者の関心は，製品の改良や効率的な生産方法の開発へと移行していきます。

以上のように，抜本的イノベーションと漸進的イノベーションの間には時間的な関連性がみられます。ここから，イノベーションについて考える際には，それを静的に捉えるのではなく，動的に捉えなければならないことがわかります。

3.2 イノベーションの普及パターン

イノベーションを動的に捉えるためには，もう1つ理解しておかなければならないことがあります。それが，**イノベーションの普及パターン**です。

ロジャーズは，さまざまなイノベーションの普及パターンを調べた結果，イノベーションを採用する人の数は，正規分布と同じ釣鐘型の曲線にしたがって推移することを見いだしました（ロジャーズ［2007］）。普及の初期段階は，そのイノベーションを採用する人は少数なのですが，次第に採用者は

図表6－4 ▶ ▶ ▶普及曲線と採用者カテゴリ

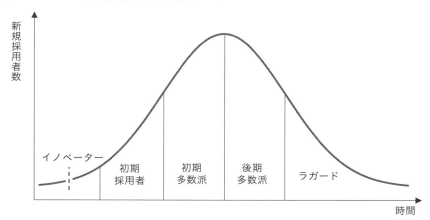

出所：ロジャーズ［2007］をもとに筆者作成。

増え始めます。その後，採用者の数がピークに達すると，採用者は減り始めます。こうして，イノベーションの採用者数を時間に対してグラフ化すると，釣鐘型の曲線になるのです。これを**普及曲線**といいます（図表６－４）。

普及曲線がこのような形になるのは，イノベーションを採用する人々の新しもの好きな度合いが異なっているからです。ロジャースは，人々の新しもの好きな度合いを**革新性**（innovativeness）と呼び，イノベーションの採用者を革新性によって５つのカテゴリに分類しました。これを，**採用者カテゴリ**と呼びます。

まず，イノベーションが普及する初期段階では，他の人に先駆けてそれを採用する，革新的な人々が少数存在します。彼らは，冒険的で危険を引き受ける傾向にあります。こういった人々は**イノベーター**（innovator）と呼ばれます。

イノベーターの後には，もう少し多くの人々がこのイノベーションを採用します。彼らは，他者に先んじてイノベーションを採用し，尊敬を集める傾向にあります。こういった人々は，**初期採用者**（early adopter）と呼ばれます。

その後，多くの人々がイノベーションを採用するようになります。ピークを迎える前の採用者は，**初期多数派**（early majority）と呼ばれます。彼らは，イノベーションの採用について慎重です。

そして，ピークを迎えた後の採用者を**後期多数派**（late majority）と呼ばれます。彼らはイノベーションについて懐疑的です。そして，後期多数派が現れた後までイノベーションを採用しない人々は**ラガード**（laggard）と呼ばれます。

これらイノベーションの採用者は，そのカテゴリによって特性が異なることが知られています。たとえば，初期採用者は知的で，変化に対して好意的であり，さまざまなコミュニケーションへの接触が多いことが知られています。

とくに重要なのが，初期採用者と初期多数派の違いです。初期採用者は，新しい物に対する興味をもっており，自らイノベーションを評価して採用／

不採用を決めます。一方，初期多数派は，イノベーションの実績を重視し，他者が採用しているかどうかによって，そのイノベーションの採用／不採用を決めます。そのため，イノベーションによっては，初期採用者には採用されたけれども初期多数派には採用されず，広く普及しなかった，ということが起こります。このように，初期採用者と初期多数派の間には断絶——**キャズム**——が存在します（ムーア［2002］）。イノベーションを普及させるためには，このキャズムを越え，多数派に採用される必要があるのです。

4 イノベーションの役割

4.1 経済とイノベーション

ここまで，イノベーションの定義，分類，そして動態について学んできました。最後に，イノベーションが私たちの経済，社会，および企業にどのような影響を与えるかを確認しておきましょう。

イノベーションは，経済発展に不可欠です。経済学の見方では，イノベーションは**生産関数**の変化として描かれます。生産関数とは，生産要素（インプット）と生産物（アウトプット）の関係を表したもので，次のように書くことができます。

$$Q = f(x_1, ..., x_n)$$

ここで，Q は生産物（アウトプット），x_i $(i = 1, ..., n)$ は生産要素（インプット）を表します。

このとき，生産物を増やすには，生産要素を増やすか生産関数 f をより効率のよいものに変えればよいことになります。しかし，生産要素は労働，資本，土地，天然資源，環境などですから，際限なく増やすことはできません。したがって，経済発展のためには生産関数 f をより生産性の高いものにすることが求められます。すなわち，イノベーションによって，同じ生産要素か

らより多くの（あるいはより価値の高い）生産物を得られるようにすること
が，経済発展には不可欠なのです。

18世紀半ばから19世紀にかけてイギリスから発生した第1次産業革命で
は，蒸気機関というイノベーションが著しい生産性の向上をもたらしました。
19世紀半ばから19世紀の終わりまでの第2次産業革命では，化学，電気，
石油および鉄鋼の分野でイノベーションが起こりました。20世紀の後半か
ら21世紀にかけての情報通信技術の発展は，第3次産業革命とも呼ばれて
います。このように，イノベーションは経済発展の原動力になるのです。

4.2 社会とイノベーション

イノベーションは，私たちの社会に大きな影響を与えます。スマートフォ
ンと **SNS**（social networking service）の登場によって，私たちのコミュ
ニケーション方法は大きく変化しました。もし，今ある医薬品が存在しなけ
れば，私たちの寿命はもっと短かったでしょう。身近にあるさまざまな製品
が，もし存在しなければ，と考えてみてください。イノベーションは私たち
の生活を根底から変えてしまう力をもっていることがわかるでしょう。

ただし，イノベーションは社会と無関係に発生し，社会に一方的に影響を
与えるものではありません。自転車の歴史をみてみましょう（Pinch and Bi-
jker［1987］）。現在，私たちが目にする自転車の形は1880年代から90年代
にかけて登場し，定着しました。しかし，そこにいたるまでの自転車にはさ
まざまなタイプが存在しました。前輪が大きく，後輪が小さいペニー・
ファージングもその1つです。

ペニー・ファージングは，前輪についたペダルを直接こいで進むため，前
輪の直径が大きいほどスピードが出ることになります。しかし，その分運転
が難しく，事故の危険もありました。

このペニー・ファージングは，若い男性には好評でした。スピードを競い，
危険を恐れずに自転車を操るさまは，男らしさの象徴と考えられたのです。
一方，年配の男性や女性はこれを好みませんでした。危険であるうえに，女

性はスカートを履いて乗ることができなかったのです。こういった要望に応えるため，自転車の技術発展の方向は多様なものになりました。若い男性にはスピードを，年配の男性には安全性を，女性には服装との折り合いを考慮しなければなりません。こうして，自転車の技術発展は複雑な経過をたどり，約20年の試行錯誤を経て今日の自転車の形に収束していったのです。

このように，イノベーションと社会の関係は，社会がイノベーションに影響を与えるという側面ももっています。すなわち，社会とイノベーションはお互いに構成要素だといえます。

4.3 企業経営とイノベーション

社会とイノベーションの関係と同様に，企業経営とイノベーションの関係も双方向の見方が必要です。すなわち，イノベーションを外部環境の変化として捉え，それにいかにして対応するかをマネジメントの課題と考える見方と，いかにして自らイノベーションを主導するかをマネジメントの課題と考える見方です。

イノベーションを外部環境の変化として捉える場合，その変化が自社にとって機会なのか脅威なのかを見極めることが重要です。上述の経済成長の原動力となるイノベーションは，企業にとって機会である場合が多いです。たとえば，半導体技術の進歩は多くの産業におけるイノベーションを促しました。また，それらのイノベーションは需要の拡大などを通じて半導体技術の発展を促しました。このように，その進歩と川下産業での技術革新とが補完的に進むような技術を**汎用基盤技術**と呼びます。汎用基盤技術の発展は，多くのイノベーションの機会を生み出します。

一方，本章の Column で述べたように，破壊的イノベーションは既存の大企業にとって重大な脅威となります。一般的に，不連続性の大きなイノベーションが発生し，外部環境が大きく変化する際には，既存の大企業のほうがそれに対応しにくいといわれています。

このように，外部環境の変化としてのイノベーションに対応するのはとて

も重要な課題ですが，後手に回りがちであるという問題を抱えています。そこで，いかにして自らイノベーションを主導するかが企業にとって重要な課題となります。自らイノベーションを主導すれば，第4章で学んだ**先発者の優位**を享受することができるからです。

　イノベーションを成し遂げる人々のことを，シュンペーターは**企業家**（entrepreneur）と呼びました。企業家という言葉は，自らが社長として起業する人だけを想定しているわけではありません。既存の大企業において，新たな事業を生み出し，イノベーションを成し遂げる人も企業家だといえます。こういった企業家が社内に生まれ，彼らがイノベーションを成し遂げやすくするような仕組みを整えることが経営者に求められているといえるでしょう。

Working　　　　　　　　　　　　　　　　　　　　　　調 べ て み よ う

1.　興味のあるイノベーションの事例について調べ，その分類と普及パターンについて考察してください。
2.　興味のあるイノベーションの例を1つ取り上げ，そのイノベーションが経済，社会，企業経営とどのように関わるか考えてください。

Discussion　　　　　　　　　　　　　　　　　　　　　　議 論 し よ う

　本章で学んだイノベーションの分類について，それぞれに当てはまる例を挙げてください。なぜ，その事例がその分類に当てはまると考えたのか，理由も考えてください。それらの妥当性について議論してください。

▶▶▶▶**さらに学びたい人のために** ―――――――――――――――――

● 一橋大学イノベーション研究センター編［2001］『イノベーション・マネジメント入門』日本経済新聞社。

参考文献

● クリステンセン，C. M. 著，玉田俊平太監修，伊豆原弓訳 ［2001］『イノベーションのジレ
ンマ―技術革新が巨大企業を滅ぼすとき（増補改訂版）』翔泳社。

● シュムペーター，J. A. 著，塩野谷祐一・中山伊知郎・東畑精一訳 ［1977］『経済発展の理
論―企業者利潤・資本・信用・利子および景気の回転に関する一研究（上・下）』岩波書店。

● ムーア，J. A. 著，川又政治訳 ［2002］『キャズム―ハイテクをブレイクさせる「超」マー
ケティング理論』翔泳社。

● ロジャーズ，E. M. 著，三藤利雄訳 ［2007］『イノベーションの普及』翔泳社。

● Abernathy, W. J. and Utterback, J. M. ［1978］ Patterns of industrial innovation,
Technology Review, 80 (7), 40–47.

● Pinch, T. and Bijker, W. E. ［1987］ The social construction of facts and artifacts: Or how
the sociology of science and the sociology of technology might benefit each other. In W.
E. Bijker, T. P. Hughes, and T. Pinch (Eds.), *The Social Construction of Technological
Systems*, MIT Press, pp. 17–50.

● Tidd, J. and Bessant, J. ［2009］ *Managing Innovation* (4th Ed.), Wiley.

製品開発プロセス

1 製品開発プロセス

1.1 製品開発の実際

　はじめに，神戸食品株式会社という架空の事例を用いて製品開発プロセスの全体像をみてみましょう。

　神戸食品は，カレーやスープなどのレトルト食品を製造，販売しています。同社マーケティング部の御影氏は，カレーの新製品の企画を考えていました。近年の美容ブームに注目した御影氏は，コラーゲンをたくさん含んだ牛モツを使ったレトルトカレーの企画を考えました。問題は，牛モツの臭みでした。研究開発部の岡本氏に相談してみたところ，牛モツの臭みはスパイスの工夫で消すことができる，ということでした。実は，岡本氏は肉の臭みを消すスパイスの配合を研究していたのです。

岡本氏の話を聞いた御影氏は「神戸牛モツカレー」の企画をまとめ，マーケティング部長に提案しました。製品コンセプトは「コラーゲンたっぷりでちょっぴりスパイシーな牛モツカレー」です。企画に興味をもった部長は，小規模な市場調査を行うよう指示しました。御影氏は簡単なアンケート調査を実施し，新製品に需要がありそうだという手応えをつかみました。

　企画会議で「神戸牛モツカレー」の開発が承認されたことを受け，研究開発部の岡本氏はレシピ開発にとりかかりました。牛モツの臭みを消すスパイスの配合のほかにも，配合する他の具材や適切な加熱時間など検討することはたくさんありましたが，ついに満足できる味のレシピが完成しました。顧客による試食も高評価でした。

　ところが，これを生産する準備を行う過程で問題が発生しました。牛モツカレーは神戸食品のこれまでのカレーよりも具材が多いため，既存の機械ではうまくレトルトパウチに充填できなかったのです。生産技術部の住吉氏は充填機を改造し，牛モツカレーをうまくパウチに充填できるよう工夫しました。こうして，神戸牛モツカレーを量産できる目処がたちました。

　一方，マーケティング部の御影氏は，営業部の本山氏とともにマーケティング戦略について相談していました。神戸牛モツカレーは美容に良いことを売りにしているため，女性向けの雑誌に広告記事を載せることにしたのです。高級感を出すために価格は高めに設定し，若い女性が立ち寄るドラッグストアで販売することにしました。この戦略が的中し，発売された神戸牛モツカレーは予想を超える売り上げを達成しました。

1.2 製品開発プロセス

　神戸食品の製品開発の事例から，**製品開発プロセス**はいくつかのステージに分けられることがわかります（**図表7-1**）。最初のステージは**企画立案**です。事例では，美容ブームと肉の臭みを消すスパイスの研究をもとに，牛モツカレーという新製品の企画を立案しています。

　企画立案では，市場機会の分析や先行技術開発にもとづいて新製品のアイ

図表７－１ ▶▶▶製品開発プロセス（最も単純なモデル）

企画 立案	➡	製品 設計	➡	工程 設計	➡	市場 導入

出所：筆者作成。

デアを創造します。**市場機会の分析**では，さまざまなマーケティング調査によって**顧客の声**（voice of customer：**VOC**）を集め，彼ら／彼女らがどのようなニーズをもっているのかを探ります。これにより顧客ニーズを理解し，それに応える製品のアイデアを創造するのが肝要です。

　また，企画立案の前に技術開発を行うことがあります。これを**先行技術開発**といいます。事例では肉の臭みを消すスパイスの研究が企画立案のきっかけになっていました。このように，自社がもっている技術をうまく利用することができれば，他社が真似できない独自の製品を開発できる可能性が高まります。

　企画立案にあたっては，製品コンセプトを明確に定めることが重要です。**製品コンセプト**とは，その製品がどのようなもので，どのような便益を顧客に提供するのかを表現したものです。企業によって製品コンセプトの表現方法はさまざまですが，文章による説明的な表現，コンセプトを短い言葉で表す比喩的な表現，画像や試作品による物的な表現などが用いられます。

　企画が立案されると，それを実現するための**製品設計**が行われます。事例ですと，カレーのレシピの開発がこれにあたります。ここで大切なのは，企画立案時に決定した製品コンセプトをきちんと設計に反映させることです。事例であれば「コラーゲンたっぷり」というコンセプトにもとづき，牛モツの配合量を多くしなければならないでしょう。

　このように，製品コンセプトは製品開発のゴールを示します。製品設計では多くのトレードオフを扱わなければなりません。製品に多くの機能をもたせたり，特徴を強く出そうとすると原材料費が高くなったり，設計が複雑になって製造コストが高くなったりします。ある特徴をもたせようとすると，別の特徴が犠牲になる場合もあります。このようなトレードオフがある場合，

製品コンセプトにもとづいて優先順位を決めるのです。

　次の**工程設計**では，製品を量産するための生産工程を準備します。試作品の生産とは異なり，実際に販売する製品を量産するためには，生産規模を大きくしたり，作業のスピードを速くする必要があります。さらに，新製品は既存の製品とは異なる設計であることが多いため，新たな設備を用意したり，既存の設備を改造したりする必要があります。事例では，これまでのカレーよりも具材が多いため充填工程に工夫が必要でした。

　最後の**市場導入**では，製品の販売戦略が実行に移されます。ここでは**マーケティング・ミックス**の選択が重要になります。具体的には，開発した製品をどのような価格で，どういった流通経路で販売し，どのような方法で販売促進するかを決めることになります。

　なお，実際の製品開発では，必ずしも**図表7－1**のように逐次的にプロセスが進むとは限らず，逆戻りや並行的な進行もあります。製品開発は，不確実性の高い活動なので，試行錯誤がつきものです。次節では，不確実性に対する，試行錯誤以外の対応について学びます。

Column　機能設計と構造設計

　製品設計は，さらに機能設計と構造設計の2つに分けることができます。**機能設計**とは，製品コンセプトを実現するために製品が備えるべき機能を決めることです。一方，**構造設計**は，その機能を実現するための製品の物理的な構造を決めることです。たとえば，安全な自動車というコンセプトに対し，障害物を感知して自動的に停止するという機能を設定するのが機能設計で，そのためのセンサーやブレーキの制御機構を決めるのが構造設計です。

　機能設計と構造設計をうまく行うためには，製品コンセプトを技術者が理解できる**製品仕様**に翻訳する必要があります。企画立案者が技術的な知識を有していればこの翻訳は容易です（重量級プロジェクト・マネジャー，第9章参照）。しかし，企画立案者がそういった知識をもっていない場合は，企画立案者と技術者が綿密にコミュニケーションし，製品コンセプトから製品仕様への翻訳を行わなければなりません。また，製品コンセプトを製品仕様に的確に翻訳するための手法として，**品質機能展開**（quality function deployment：QFD）という方法も知られています（赤尾・水野 [1978]）。こういった手法を用いることも有効でしょう。

2 / 製品開発マネジメント

2.1 ステージ・ゲート

　製品開発は企業にとって重要な活動ですが，同時にマネジメントがとても難しい活動です。技術開発の難しさ，顧客にとっての新しさ，開発にかかる時間など，さまざまな課題に対応するため，さまざまな製品開発マネジメントの手法が考案されてきました。その中でもよく知られているものの1つが，**ステージ・ゲート**と呼ばれる方法です（クーパー［2011］）。

　ステージ・ゲートでは，製品開発プロセスをいくつかのステージに分け，それぞれのステージの間にゲートを設けます（**図表7－2**）。ゲートでは，その前のステージでの活動結果にもとづいて，次のステージに進むかどうかを決定します。そして，それぞれのステージでは，ゲートを通過することを目指してさまざまな活動を行うのです。

　ステージ・ゲートが製品開発を成功に導くポイントは2つあります。第1のポイントは，ゲートにおいて正しいプロジェクトを選択することです。**図**

図表7－2 ▶▶▶ステージ・ゲート

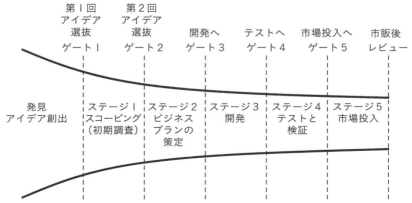

出所：クーパー［2011］をもとに筆者作成。

115

表7－2では，はじめが広く，発売に近づくに従って狭くなる漏斗の形が描かれています。このように，ステージ・ゲートでは初期の段階では幅広いアイデアを検討し，徐々に絞り込んでいくという方法をとります。

とくに，ステージ3以降は多くの費用を必要とすることが多いため，ゲート3で見込みのないプロジェクトを捨てることが重要です。これにより，多くのアイデアを検討して良い製品を生み出す可能性を高めつつ，良くないアイデアは早めに切り捨て，そこに費やしていた資源（人材，開発費，研究施設）を別のアイデアに振り替えることができます。

ただし，正しいプロジェクトを選択するのも容易ではありません。そこで，ステージ1で実施する初期調査や，ステージ2で実施するビジネスプランの策定が重要な役割を果たします。初期調査では，簡単な市場評価と技術評価を行い，その時点でのアイデアに需要があるかを確認したり，改良点を探したりします。また，ビジネスプランの策定では，①製品コンセプト，ターゲット市場など開発プロジェクトの定義を決める，②事業評価によりプロジェクト実施の合理的な根拠を明らかにする，③今後の計画を立案する，といった活動を行います。もちろん，事前にすべてを知ることはできませんが，これらのステージで多くの情報を集めることができれば，正しいプロジェクトを選択できる可能性は高まります。

第2のポイントは，ゲートにおいてステージでの活動内容をチェックすることです。ゲートでは，役員が出席する会議を開催し，そこまでのステージでの活動内容をチェックします。ここで，必要な要件を満たしていなければ，ゲートをパスすることができないのです。

たとえば，市場投入の可否を判断するゲート5では，開発した製品をテストした結果が評価されます。ここでは，顧客へのアンケート調査により「ぜひ欲しい」と答えた人が20％以上でなければ市場投入しない，といった評価基準が設けられます。これにより，成功する可能性の高いもののみを発売することができます。また，評価基準は事前にわかっているため，開発プロジェクトのメンバーは，評価基準をパスできる良い製品を開発するように努力します。

2.2 ファジー・フロントエンド

ステージ・ゲートにおける，発見・アイデア創出のステージからステージ2までは，**ファジー・フロントエンド**（fuzzy front-end）と呼ばれることがあります。「ファジー」とは「曖昧な」という意味です。製品開発の初期段階（フロントエンド）の活動では，多くの曖昧な情報を扱わなければならないため，このように呼ばれています。

ファジー・フロントエンドの活動で最も重要なのは，さまざまなことがらの曖昧さを削減することです。これまでの研究でも，成功した製品開発とそうでないものを比較すると，成功した製品開発ではファジー・フロントエンドで曖昧さを削減できていたことが明らかになっています。

とくに，ファジー・フロントエンドでは，製品開発のゴール，すなわち製品コンセプトを明確に定めることが重要です。製品コンセプトが明確になり，製品開発プロジェクトのゴールが明確になると，チームワークも発揮しやすくなります。製品開発プロジェクトには，多くの機能部門から多くの人が参加します。これらの人々が共同作業をするためにはゴールが明確であることが不可欠なのです。

2.3 製品開発における不確実性のマネジメント

製品開発のマネジメントが難しい理由の1つは，その不確実性です。そのため，ステージ・ゲートでは，ファジー・フロントエンドの活動により，開発の初期段階でできるだけ不確実性を排除しておこうと考えます。

しかし，それでも不確実性を排除できない場合があります。1つは，環境の変化が激しい場合です。たとえば，顧客ニーズの変化が激しい場合，開発の初期段階で顧客の声を聞いて製品コンセプトを策定したとしても，技術開発を進めている間に顧客の嗜好が変わってしまう可能性があります。

このような場合，企画立案ステージに戻って再度情報を収集し，製品コンセプトや開発計画を作り直すという対応をしていては，顧客ニーズの変化に

アメリカの Product Development and Management Association の研究グループは，ファジー・フロントエンドの活動を **NCD モデル**（new concept development model）として図表７－３のようにまとめています（Koen *et al.* ［2002］）。NCD モデルは，次の３つの要素から構成されています。

- ５つの活動。機会の同定，機会の分析，アイデア創造と深化，アイデアの選別，製品コンセプト策定のサイクルが車輪として描かれます。
- エンジン。リーダーシップ，文化，企業戦略の３つが，サイクルを回すエンジンとしての役割を果たします。
- 影響要因。組織能力，外部環境，科学的発見などが挙げられます。

このモデルの最大の特徴は，５つの活動が一連のプロセスではなく，サイクルとして描かれていることです。ファジー・フロントエンドでは不確実なことが多いため，そこで行われる活動を一連のプロセスとして構造化するのは困難です。むしろ，ファジー・フロントエンドでは５つの活動を繰り返し実行し，そのサイクルから明確な製品コンセプトを絞り込むことが製品開発を成功に導くカギだと彼らは述べています。

図表７－３ ▶ ▶ ▶ NCD モデル

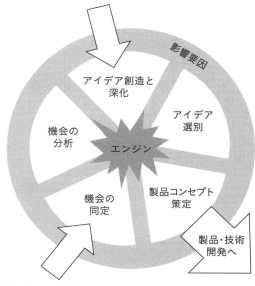

出所：Koen *et al.* ［2002］をもとに筆者作成。

ついていくことができません。あり合わせの情報にもとづいて，計画を変更しつつ製品開発・技術開発を柔軟に進めなければなりません。このように，計画と実行を同時に行うことを**即興**といいます。環境の変化が激しい場合には，即興が有効なのです。

もう1つは，革新性の高い製品を開発する場合です。革新性の高い製品の開発では，技術開発が可能かどうかを事前に予測するのは困難です。また，革新的な製品ではそのユーザーが開発時点では存在しないことが多いです。ユーザーが存在しないのですから，顧客の声を集め，分析することもできません。

したがって，革新性の高い製品の開発では，開発中の製品を見込み客に使用してもらって情報を集めたり，試験的に販売したりするなど，**実験**を行うことが不可欠です。製品開発コンセプトを開発途中で変更したり，複数の製品コンセプトを並行して検討することも必要になります。革新性の高い製品の開発では，そのプロセスの途中で実験を行い，**学習**することが重要になるのです。

3 製品開発とテクノロジー・マネジメント

3.1 プロジェクト・ポートフォリオ

ここまで，製品開発プロセス，およびそのプロセスを効果的にマネジメントするための方法について学んできました。しかし，ここまで学んできたのは，個別のプロジェクトのマネジメントです。実際の企業では，多くの製品開発プロジェクトを並行して運営しています。企業全体の技術開発・製品開発をマネジメントする**最高技術責任者**（chief technology officer：**CTO**）の立場では，どのようにしてこれら複数の製品開発プロジェクトをマネジメントするかが問題になります。

複数の製品開発プロジェクトのマネジメントを考えるうえで重要な役割を

図表7－4 ▶▶▶ プロジェクト・ポートフォリオの例

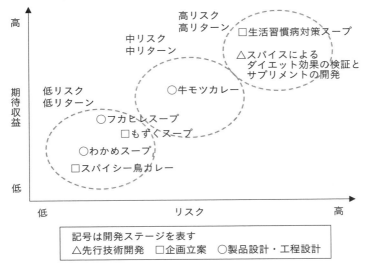

出所：筆者作成。

果たすのが，**プロジェクト・ポートフォリオ**という見方です。製品開発プロジェクトは，顧客需要の不確実性，技術的難易度，期待収益，プロジェクトの進捗度合いなど，いくつかの切り口で分類することができます。社内で進行している複数の製品開発プロジェクトをこういった切り口で分類，整理したものがプロジェクト・ポートフォリオです。

　具体例をみてみましょう。**図表7－4**は，前出の神戸食品のプロジェクト・ポートフォリオです。ここには7つのプロジェクトをリスクと期待収益によって分類，整理しています。

　左下のプロジェクトは，リスクは低いですが期待収益も低いプロジェクトです。神戸食品はレトルトのカレーとスープを製造・販売している会社ですから，これらのプロジェクトは既存の顧客向けに，既存製品のバリエーションを開発するものになります。リスクは低いですが，大きく事業を拡大することにはならないでしょう。

　中央付近のプロジェクトは，中程度のリスクで期待収益も中程度のプロジェクトです。前述のとおり，牛モツカレーは若い女性をターゲットにして，

新たな広告媒体を利用したり，新たなチャネルで販売する製品でした。技術的にも課題がありました。このように，それなりにリスクがあるプロジェクトですが，期待収益も大きいものでした。

　右上のプロジェクトは，リスクも高く期待収益も高いプロジェクトです。生活習慣病に効果のあるスープやダイエットのサプリメントは，本当に効果があるものを開発できるか，技術的な難しさがあります。しかし，もしそれを実現できればニーズをもった人は多く，大きな収益が期待できます。

　プロジェクト・ポートフォリオのメリットは，自社が複数のプロジェクトにバランスよく投資できているかを確認できることです。**図表7−4**の場合，低リスク・低リターンのプロジェクトが多く（4件），高リスク・高リターンのプロジェクトもそれなりの数（2件）抱えています。企業規模や戦略にもよりますが，一般的に，低リスク・低リターンのプロジェクトを多く実行して既存の事業を堅実に運営しつつ，高リスク・高リターンのプロジェクトを少数実行するのがバランスが良いといわれています（カンター [2007]）。ポートフォリオをみれば，こういったバランスを確認することができます。

3.2　技術ロードマップ

　複数の製品開発プロジェクトをマネジメントするための手法として，もう1つよく用いられるのが**技術ロードマップ**です。技術ロードマップとは，技術・製品の将来像と，それを達成するための道筋を描き出したものです（今能・高井 [2010]）。プロジェクト・ポートフォリオが会社が抱える製品開発プロジェクトをある時点で切り取ったものであるのに対し，技術ロードマップは，それらのプロジェクトを時系列に並べたものだと思えば良いでしょう。

　図表7−5は，典型的な技術ロードマップの概念を示したものです。技術ロードマップでは，時間軸に沿って将来の市場動向を描き，その市場に投入する製品とその開発期間を描き，その製品に用いられる技術の開発期間を描きます。

　技術ロードマップは，次のような利点を有しています。第1に，開発した

図表7－5 ▶▶▶典型的な技術ロードマップの概念図

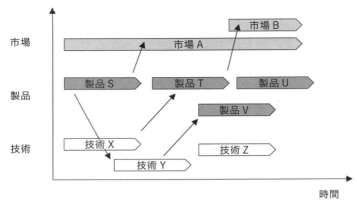

出所：筆者作成。

技術，製品を投入する市場が明確になります。これにより，開発しようとしている技術，製品は，どういった顧客のニーズに応えるべきなのかが明確になります。

第2に，技術と製品の相互発展の道筋が描き出されます。製品開発と技術開発の間には，ある製品の開発過程で見いだされた技術を改良し，それを別の製品に用いるという相互発展の関係があります。技術ロードマップはこういった関係を明らかにするのに役立ちます。複数の製品開発プロジェクトをもつことで，幅広い顧客の需要に答えるだけでなく，プロジェクト間で技術やノウハウを移転し，さらに技術を発展させることも可能になります。このように，複数の製品開発プロジェクトを戦略的に企画することを，**マルチプロジェクト戦略**といいます（延岡［1996］）。

第3に，先端技術についての社内の理解が進みます。先端的な技術は，その道の専門家以外には理解することが難しい場合が多いため，その技術の開発に投資をすべきか，企業のトップ・マネジメントが判断するのは困難です。しかし，それがどのような製品に用いられ，どういった顧客のニーズに応えるものになっていくのか，その道筋をロードマップとして明らかにすれば，投資すべきかの判断が容易になります。社内の合意形成にも寄与します。

Working   調べてみよう

雑誌などに掲載されている製品開発ストーリーを調べ，図表7－1の製品開発プロセスに従って分析してみましょう。

Discussion   議論しよう

1. 興味があるヒット商品を選んで，その成功要因について議論してください。
2. 複数の製品開発プロジェクトをマネジメントする上では，どのようなことに注意しなければならないか，本章で学んだことと第4章で学んだことを組み合わせて議論してください。

▶▶▶さらに学びたい人のために

- クーパー，R. G. 著，浪江一公訳［2012］『ステージゲート法―製造業のためのイノベーション・マネジメント』英治出版。
- 宮尾学［2016］『製品開発と市場創造―技術の社会的形成アプローチによる探求』白桃書房。

参考文献

- カンター，R. M.［2007］「『戦略』『プロセス』『組織』『スキル』から見たイノベーションの罠」『DIAMOND ハーバード・ビジネス・レビュー』32 巻 8 号，68-84 頁。
- クーパー，R. G. 著，浪江一公訳［2012］『ステージゲート法―製造業のためのイノベーション・マネジメント』英治出版。
- 近能善範・高井文子［2010］『コア・テキスト　イノベーション・マネジメント』新世社。
- 延岡健太郎［1996］『マルチプロジェクト戦略―ポストリーンの製品開発マネジメント』有斐閣。
- 水野滋・赤尾洋二［1978］『品質機能展開―全社的品質管理へのアプローチ』日科技連出版社。
- Koen, P. A., Ajamian, G. M., Boyce, S., Clamen, A., Fisher, E., Fountoulakis, S., Johnson, A., Puri, P. and Seibert, R.［2002］Fuzzy Front End: Effective Methods, Tools, & Techniques, In Belliveau, P., Griffin, A. and Somermeyer, S.（Eds.）*The PDMA Toolbook for New Product Development*, John Wiley & Sons.

第 **8** 章 **製品開発と
マーケティング**

Learning Points

▶製品開発とマーケティングの関係について学びます。
▶顧客志向という考え方について理解し，製品開発のマネジメントにマーケ
ティングの見方が必要な理由を理解します。
▶マーケティング・リサーチのさまざまな手法を学びます。また，顧客価値
の創造プロセスについても学びます。

Key Words

顧客志向　マーケティング・リサーチ　機能的価値　意味的価値

1 製品開発における顧客志向

1.1 顧客志向とは

　顧客志向とは，自社製品を購入しそうな顧客は誰かを見極め，そのニーズ
を把握し，それに対応する製品を開発しようという考え方です。顧客志向の
対極の１つは，**競合他社志向**です。競合他社志向の企業は，競合他社の行動
にもとづいて自社の製品開発の方針を考えます。競合他社志向は，競争を有
利に進めるうえでの利点はありますが，競合他社の動きに受動的になってし
まうという問題を抱えています。

　顧客志向と対極にある考え方のもう１つは，**技術志向**です。技術志向の企
業は，自社の技術にもとづいて製品開発の方針を考えます。技術志向にもと
づいて開発した製品が顧客ニーズに合致すれば，技術的に差別化された，模
倣されにくい製品を開発できる可能性が高いです。しかし，どれだけ技術に

投資したとしても，それが顧客ニーズに合致しない可能性がある，という問題を抱えています。

これらに対して顧客志向の企業は，顧客ニーズを把握し，自社の資源，技術，および目的に応じて製品開発の方針を考えることができます。顧客志向の企業のほうが，新たな機会を発見し，長期にわたって利益をもたらす可能性が高いでしょう（**図表8－1**）。

ただし，顧客志向とは単純に顧客の要望を聞いて，それに合わせた製品を開発することを意味するわけではありません。一般的に，顧客ニーズは顕在ニーズと潜在ニーズに分けることができます。

顕在ニーズとは顧客自身が自覚しており，言葉に表現して企業に伝えることができるようなニーズのことです。一方，**潜在ニーズ**は顧客自身も自覚していない，あるいは顧客自身が言葉に表現して企業に伝えることができないようなニーズのことです。たとえば，ソニーのウォークマンが登場するまでは，外で音楽を聞くというニーズを顧客は自覚していませんでしたが（潜在ニーズ），ウォークマンが登場したことで多くの人がそうしたいと思うようになりました。真に顧客志向であるとは，顕在ニーズだけではなく，潜在ニーズをも掘り起こし，それに対応することを意味するのです。

図表8－1 ▶▶▶顧客志向，競合他社志向，技術志向の違い

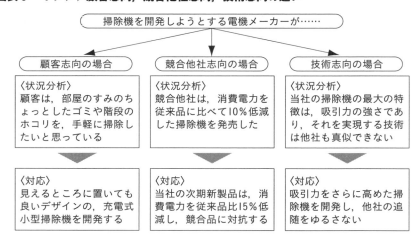

1.2 シミュレーションとしての製品開発

　では，製品開発において顧客志向を実現するとはどういうことなのでしょうか。ここでは，シミュレーションとしての製品開発という見方で，このことについて考えてみましょう。

　第7章で学んだように，製品開発は企画立案，製品設計，工程設計，市場導入と進む一連のプロセスです。また，製品設計は，製品がどのような機能を発揮すべきかを決める機能設計と，その機能を発揮するための製品構造を決める構造設計の2つの工程から成り立っています。

　この一連のプロセスのうち，製品コンセプト創造，機能設計，構造設計，工程設計に注目すると，そのプロセスは将来の顧客満足創出プロセスを逆方向にシミュレーションしていると考えることができます。これを図に表したのが**図表8－2**です。

　図表8－2では，下段に製品コンセプト創造，機能設計，構造設計，工程設計の順に右から左へと製品開発のプロセスが描かれています。このプロセスは，第7章で学習したとおりです。

　また，上段には，生産工程，製品構造，製品機能，顧客満足の順に，左か

図表8－2 ▶▶▶顧客満足創出プロセスのシミュレーションとしての製品開発

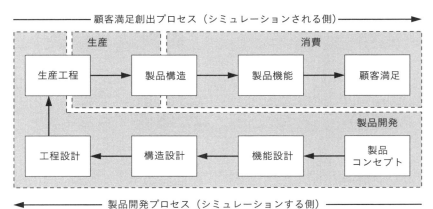

出所：藤本・クラーク［2009］をもとに筆者作成。

ら右へと顧客満足創出プロセスが描かれています。製品を生産すると，ある構造をもった製品ができあがり，その製品は何らかの機能を発揮します。この機能によって顧客は自分のニーズを満たし，満足します。たとえば，レンズや撮像素子，メモリを備えたデジタルカメラ（製品構造）を生産し，それによって写真を撮るという機能を提供して顧客が満足する，という流れをイメージすればよいでしょう。これを描いたのが**顧客満足創出プロセス**です。

製品開発プロセスと顧客満足創出プロセスを並べて描くと，製品コンセプトと顧客満足，機能設計と製品機能，構造設計と製品構造，そして工程設計と生産工程が対応することになります。つまり，製品開発プロセスは，顧客満足創出プロセスを逆方向に，事前にたどっていることになります。言い方をかえれば，製品開発プロセスは将来の顧客満足創出プロセスを事前にリハーサル，あるいはシミュレーションしていることになるのです。

このような見方をすれば，顧客が満足する製品を開発するためには，将来の顧客満足創出プロセスをいかに上手にシミュレーションするかがカギを握っていることがわかります。製品開発は，必ず顧客の消費に先立って行われます。したがって，顧客を満足させるためには，将来の顧客ニーズを先取りし，そのニーズを満たすためにはどのような製品コンセプト，製品機能，製品構造が必要かを見極めなければならないのです。

1.3 ／製品開発とマーケティングの関係

以上のように，製品開発は，必ず顧客の消費に先立って行われるため，顧客を満足させるためには，将来の顧客ニーズを先取りし，そのニーズを満たす必要があります。そのためには，真の顧客志向を実現し，顕在ニーズだけでなく，潜在ニーズをも満たすような製品コンセプトを創造する必要があります。

前章で学んだ製品開発プロセスとそのマネジメントは，製品を開発し，生産・販売する組織内部に焦点を当てていました。しかし，ここまでみてきたように，製品開発を成功させるためには顧客との関係についても考慮しなけ

ればなりません。すなわち、製品開発を成功させるためには、マーケティングの考え方も理解する必要があるのです。

マーケティングとは、米国マーケティング協会（American Marketing Association）によると、「顧客、クライアント、パートナー、および広く社会にとって価値ある提案を、創造・周知・流通・取引するための行動、制度、およびプロセス」と定義されています。その本質は、組織にとって意のままにならない他者である顧客との関係をいかにマネジメントするかにあります。すなわち、製品開発のマネジメントは、組織のマネジメントであると同時にマーケティングのマネジメントでもあるのです。

　製品開発マネジメントをマーケティングの視点からみると、理解しておかなければならない重要なポイントが2つみえてきます。1つはマーケティング・リサーチで、もう1つは顧客価値の創造です。順にみていきましょう。

Column　B to C と B to B

　企業の事業形態を分類する方法はさまざまなものがありますが、製品開発のマネジメントを考えるうえでは、一般消費者が顧客なのか、あるいは事業者が顧客なのか、という分類が重要です。一般消費者を顧客とする事業形態を **B to C**（business to consumer）、事業者を顧客とする事業形態を **B to B**（business to business）といいます。デジタルカメラを製造・販売するのが B to C、レンズユニットを生産してその会社に納めるのが B to B のビジネスです。B to C で販売されるものを**消費財**、B to B で販売されるものを**生産財**と呼びます。

　B to C では、多くの顧客を対象とする製品を開発するため、そのニーズを把握するのは容易ではありません。一方、B to B の場合は限定された事業者を顧客とすることが多く、直接その顧客と対話することによってそのニーズを把握することができます。

　ただし、顧客のニーズに顕在ニーズと潜在ニーズがあるのは、B to B と B to C に違いはありません。いずれのビジネスの形態であっても、将来の顧客ニーズを先取りし、それに応える製品を開発しなければならないのは同じです。

2 ／ マーケティング・リサーチ

2.1 ／ マーケティング・リサーチの重要性

　製品開発における顧客との関係のマネジメントには，さまざまな方法がありますが，その中でも最も重要なのがマーケティング・リサーチです。

　マーケティング・リサーチとは，「消費者，顧客，および公衆とマーケティング担当者とを情報によって結びつける機能」です（米国マーケティング協会による定義）。たとえば，実際の製品開発では，企画立案のヒントを得るため顧客を数名集めてインタビューしたり，製品コンセプト案について何％の人が欲しいと答えるかアンケート調査を行ったりすることがあります。このように，情報を入手し，機会や問題を見いだしたり，自社の行動を評価したりするプロセスがマーケティング・リサーチです。

　マーケティング・リサーチが製品開発の成否を左右することは，古くから知られています。たとえば，ある研究では，成功した製品では失敗した製品に比べて事前の市場評価やマーケティング・リサーチがより確実に行われていたことが明らかにされています（図表8－3）。

図表8－3 ▶ ▶ ▶製品開発の成否とマーケティング・リサーチの関係

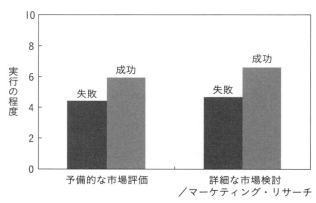

出所：Cooper［1988］をもとに筆者作成。

2.2 さまざまなマーケティング・リサーチ

では，実際のマーケティング・リサーチはどのように行われるのでしょうか。まず，マーケティング・リサーチは1次データと2次データのいずれを利用するかによって大きく2つに分類することができます（**図表8－4**）。

1次データとは調査者自身が収集したデータのことで，これはさらに調査対象者とコミュニケーションするかしないかによって分類することができます。対象とコミュニケーションする調査としては，インタビュー調査や，質問票調査，電話調査などがありますが，これらはいずれも調査対象者と調査者が直接，あるいは質問票などを介してコミュニケーションしています。また，近年では，インターネットを利用した調査もよく行われるようになっていますが，これもWebサイトなどを通じて，調査対象者とコミュニケーションする調査方法です。

一方，対象とコミュニケーションしない調査としては観察法をあげることができます。これは，調査対象者とはコミュニケーションせず，一方的に観察することによってデータを収集する方法です。

もう1つの**2次データ**は調査者以外の他者が収集したデータのことです。たとえば，政府が定期的に実施しているさまざまな統計調査は，その結果がWebサイトなどで公表されています。あるいは，さまざまな調査会社が独自の市場調査を行い，その結果をレポートとして公表しています。こういった調査レポートは，無料で公開されているものもありますが，多くは調査会

図表8－4 ▶▶▶データの収集方法によるマーケティング・リサーチの分類

データの収集方法		例
1次データ 調査者が収集	対象とコミュニケーションする	インタビュー調査 質問票調査 電話調査 インターネット調査
	対象とコミュニケーションしない	観察法
2次データ 他者が収集		政府統計 調査会社のレポート

製品Aをどの程度欲しいと思いますか。
あてはまるものを選んでください。
○ ぜひ欲しい
○ やや欲しい
○ どちらでもない
○ あまり欲しくない
○ まったく欲しくない

社から有料で購入しなければなりません。

　マーケティング・リサーチの分類方法でもう１つ重要なのが，データの質による分類です。ここでは，マーケティング・リサーチを定性調査と定量調査に分類します。**定性調査**とは，数値として処理しにくい情報を比較的少数の対象者から収集するタイプの調査です。たとえば，**エスノグラフィック・リサーチ**では，顧客が製品を使用している場所（自宅など）を訪問し，実際の使用シーンを観察したり，インタビューしたりして，リアルな状況を詳細に観察・分析します。こういった調査では，得られた情報を数値として処理することはできません。

　一方，**定量調査**では，多数の対象者から数値として処理できる情報を収集します。たとえば，多くの消費者に製品コンセプトを記載した Web サイトを閲覧してもらい，そのコンセプトの製品をどの程度買いたいと思ったか，５段階で評価してもらう，といった調査が考えられます（**図表８−５**）。こういった調査では，結果が数字で得られるため，基準に照らし合わせて開発進行の可否を判断するのに有効です。

2.3 　製品開発プロセスにおけるマーケティング・リサーチ

　以上のように，マーケティング・リサーチにはさまざまなものがあり，そこから得られる情報もさまざまです。したがって，製品開発を進めるにあたっては，その進行度合いに応じて適切な調査を行い，必要な情報を入手するのが重要になります。ここでは，第７章の2.1項で述べたステージ・ゲー

トにしたがって，各ステージ，ゲートでどのようなマーケティング・リサーチを行うべきか確認しましょう。

アイデア創出ステージでは，エスノグラフィック・リサーチや**リードユーザー法**といった定性調査を行うのが有効です。エスノグラフィック・リサーチでは，顧客が製品を使用したり購入したりする現場に入り込み，そのリアルな状況を観察・分析します。

リードユーザーとは，市場のトレンドの先を行き，平均的な顧客をはるかに超えた先進的なニーズをもつ顧客です。彼らのニーズは現時点では先進的ですが，将来的には多くの顧客がそういったニーズをもつようになります。そこで，リードユーザーと密接な関係をもち，彼ら／彼女らから情報を入手すれば，将来の顧客ニーズを洞察することができるのです。こういった調査方法をリードユーザー法といいます。

また，ビジネスプラン策定のステージでは，2次データが役に立ちます。すでに学んだように，ビジネスプランでは，ターゲット市場の規模や，売上予測といった定量的な情報が必要です。しかし，この段階ではまだ製品開発プロジェクトに大規模な予算配分は行われていない場合がほとんどです。そこで，政府が公開している統計情報や，調査会社が公開しているレポートなどを活用し，できるだけ費用をかけずに情報を入手することが重要になるのです。

さらに，後半のゲートでの審査では，定量調査の結果が重要な役割を果たします。たとえば，開発に進む前のゲートでは，製品コンセプトについての質問票調査の結果や2次データを利用して，ターゲット市場の規模の推定や売上の予測を行い，投資に見合った成果が得られるかを確認して進行の可否を判断します。また，発売直前のゲートでは，顧客を対象とした最終製品についての受容調査を行い，その製品を「ぜひ欲しい」と答えた人が一定の割合を超えれば発売する，といった判断が行われます。

2.4 製品発売後のマーケティング・リサーチ

製品開発におけるマーケティング・リサーチは，開発中の調査にとどまるものではありません。すなわち，製品の発売後も，顧客から情報を収集する必要があるのです。

製品発売後のマーケティング・リサーチで最も多く用いられる方法が，製品に同封するアンケート用紙です。企業は，購入者の属性（男性・女性，年齢，居住地など），製品を使って満足したか，不満をもったとしたらどういった点か，といったことを聞くアンケート用紙を製品に同封し，購入者に記入，郵送してもらいます。こうして得られたデータを分析すれば，どういった顧客が製品を購入したのか，彼ら／彼女らの満足度はどの程度か，不満点は何かといった情報が得られます。また，近年ではこういったアンケートを Web サイトに設置することも行われています。顧客は，アンケートに回答し，ユーザーとして登録されることで継続的なサービス（故障時の修理や新製品情報の提供など）というメリットを享受することもできます。

もう 1 つ，近年注目を集めているのが，**SNS**（social networking service）で発信される顧客の声の分析です。SNS では，多くの顧客が製品を使用した感想を発信しています。企業はこれを分析することで，自社の製品の評判を把握することができます。

製品発売後のマーケティング・リサーチには大きく分けて 2 つの目的があります。第 1 の目的は，顧客からの情報にもとづき，マーケティング・ミックスを修正することです。顧客が感じた不満を分析することで，製品の改良すべき点を見いだし，改良することができます。また，価格を調整したり，製品特長の訴求方法を変えたり，販売チャネルを変えたりすることもできます。このように，発売後に得た情報にもとづいて，第 3 章の 2.1 項で述べた4P を修正するのです。

第 2 の目的は，顧客から得た情報を次の製品開発に利用することです。発売後のマーケティング・リサーチでは，発売した製品についての顧客の満足点・不満点を理解することができます。これらの情報にもとづき，次の製品

開発のアイデアを創造することができます。

3 顧客価値の創造

3.1 機能的価値と意味的価値

　製品開発におけるマーケティングの役割として，もう1つ重要なのは，企業は製品によって顧客にどのように満足をもたらし，どのような価値を創造するのか，そのプロセスの理解です。

　たとえば，スマートフォンという製品を例にして考えてみましょう。店頭で，いくつかのスマートフォンを比較して購入を検討するとき，多くの人がそのスペックを比較します。画面の大きさ，ストレージの容量，カメラの性能などを比較し，自分にとって最も適当なものを選択すると思います。このとき，顧客は製品のスペック，機能に価値を見いだしているといえます。

　一方，スマートフォンを選択するとき，そのデザインに注目する人もいるでしょう。機体の外観や画面の美しさといった，審美的なデザインだけでなく，画面やボタンの操作性といったユーザーインターフェースのデザインも重要な評価ポイントです。あるいは，どのメーカー製なのか，というのが決め手になる人もいるでしょう。このように，顧客は製品のデザインやブランドに価値を見いだすこともあります。

　このように，製品の何に価値を見いだすかは顧客によってさまざまです。このさまざまなタイプの価値は，機能的価値と意味的価値の2つに分類することができます（延岡［2011］）。

　機能的価値とは，客観的に価値基準が定まった機能的な評価によって決まる価値です。上のスマートフォンの例でいえば，画面の大きさや，ストレージの容量，カメラの性能は，客観的に価値基準が定まっています。これを評価して自分にとって適当なものを選ぶとき，その顧客は，そのスマートフォンに機能的価値を見いだしたということになります。

一方の**意味的価値**は，顧客が商品に対して主観的に意味づけすることによって生まれる価値です。上のスマートフォンの例でいえば，デザインやどのメーカー製かといったことは，どういったものが優れているか，客観的な基準はありません。意匠的に美しい，あるメーカーに思い入れがあるといったことは，顧客の主観的な意味づけです。美しさ，あるいはブランドを重視して製品を選択する際，顧客はその製品に意味的価値を見いだしているといえるでしょう。

3.2　意味的価値の意義

　機能的価値と意味的価値とを明確に分類するのは難しく，その定義にも議論の余地があります。しかし，この見方は，企業が製品開発によって顧客価値を創造するうえでは意味的価値が大きな役割を担っている，というとても重要なことを示唆しています。

　なぜ，意味的価値が顧客価値の創造に大きな役割を担うのでしょうか。その理由の1つめは，製品の機能での差別化には限界があることです。製品のスペックを高めたり，新たな機能を追加したとしても，競合企業は，製品を分析して模倣することが可能です。また，差別化のカギとなる機能が特定の部品によって実現されている場合，競合企業はその部品を入手するだけで，その機能を容易に模倣できます。

　2つめの理由は，製品の機能は顧客ニーズを超えてしまう場合があることです。たとえば，携帯電話で写真を撮影する場合，その目的は知人への送信やSNSへのアップロードですから，カメラの画素数はそれほど多くなくても問題ありません。このとき，携帯電話に内蔵するカメラの画素数を高めても，顧客はそれに価値を見いださないでしょう。このように，製品の模倣が容易で，顧客が機能の向上に価値を見いださなくなった状態のことを**コモディティ・トラップ**と呼びます（チェスブロウ［2012］）。

　しかし，意味的価値を創造することができればコモディティ・トラップを回避することができます。意味的価値は顧客の主観的な意味づけを基盤にし

ているため，それをどのようにして創造しているのか，競合企業からはみえにくく，模倣は困難です。また，意味的価値は顧客の主観的な意味づけによって生じるため，機能的価値よりも多様な方法で差別化することができます。

3.3 　意味的価値による顧客価値の創造

では，どうすれば意味的価値を創造することができるのでしょうか。ここで重要なのは，意味的価値は顧客が製品を使用する局面において生まれる，ということを理解することです。

たとえば，ある顧客がドリルを購入したとします。その顧客は，ドリルで壁に穴をあけ，棚を設置しました。顧客は，棚を設置するための穴が欲しかったのですから，ドリルという製品ではなく，穴を開けるという機能を必要としていました。そして，棚を設置し，日曜大工という経験を楽しんだのです。このように，製品，機能，経験と続く製品の使用局面に，顧客は主観的な価値を見いだします（**図表8-6**）。

つまり，製品の価値は，製品に内在しているのではなく，顧客がそれを使用する局面で，顧客が使用することによって生み出されるといえるでしょう。このような考え方を，**価値共創**（co-creation）と呼びます（プラハラード＆ラマスワミ［2004］）。

したがって，意味的価値を創造するためには，製品そのものの設計だけでなく，その製品の使用局面をも設計する必要があります。顧客価値の創造を目指して製品を開発するには，良い製品を作ることにとどまるのではなく，良い経験を創造することにも気を配らなければならないのです。

図表8-6 ▶▶▶製品・機能・経験による価値創造プロセス

	製品	機能	経験
例	ドリル	壁に穴をあける	日曜大工を楽しむ

　本文では，意味的価値について消費財を例として説明しました。一方，生産財の意味的価値は，少し様相が異なります。生産財を購入する場合，顧客は機能を重視する場合が多いです。たとえば，食品工場で異物を発見するセンサーの場合，食品工場は検出率というスペックを重視し，それによって異物混入を防止できることに機能的価値を見いだします。

　では，生産財の意味的価値はどこに見いだされるのでしょうか。延岡［2011］によると，それは顧客の問題解決だということです。食品工場で異物を発見するセンサーの場合，センサーのメーカーは，異物混入の防止だけではなく，メンテナンスのしやすさや，何か問題が起こったときのサポート体制，工場で扱う品目に合わせた微妙な調整など，さまざまな手段で顧客の問題解決をサポートすることができます。このように，製品そのものの機能に加えて，顧客の抱える問題を解決することが生産財の意味的価値だといえるでしょう。

Working　　　　　　　　　　　　　　　　　　　　　　　調べてみよう

1. 自分が興味をもった製品を1つ取り上げて，その製品を他人がどう評価するかマーケティング・リサーチをしてみましょう。

2. 自分が興味をもった製品を1つ取り上げて，その製品にはどのような機能的価値や意味的価値があるか列挙してください。

Discussion　　　　　　　　　　　　　　　　　　　　　　議論しよう

1. 新製品のアイデアを1つ考え，それを企画として上司に提案するには，どのようなマーケティング・リサーチをしなければならないか，議論してください。

2. 身の回りにあるさまざまな製品から高い意味的価値のある製品を探し，それがどのようにして意味的価値を創造しているか，議論してください。

▶▶▶さらに学びたい人のために ─────────────

- クーパー, R. G. 著, 浪江一公訳 [2012]『ステージゲート法─製造業のためのイノベーション・マネジメント』英治出版。
- 延岡健太郎 [2011]『価値づくり経営の論理─日本製造業の生きる道』日本経済新聞出版社。

参|考|文|献

- コトラー, P. ・ケラー, K. L. 著, 恩藏直人監修, 月谷真紀訳 [2008]『コトラー＆ケラーのマーケティング・マネジメント（第12版）』ピアソン・エデュケーション。
- チェスブロウ, H. 著, 博報堂大学 ヒューマンセンタード・オープンイノベーションラボ／ TBWA HAKUHODO 監修・監訳 [2012]『オープン・サービス・イノベーション─生活者視点から, 成長と競争力のあるビジネスを創造する』阪急コミュニケーションズ。
- 延岡健太郎 [2011]『価値づくり経営の論理─日本製造業の生きる道』日本経済新聞出版社。
- 藤本隆宏・クラーク, K. B. 著, 田村明比古訳 [2009]『（増補版）製品開発力─自動車産業の「組織能力」と「競争力」の研究』ダイヤモンド社。
- プラハラード, C. K. ・ラマスワミ, V. 著, 有賀裕子訳 [2004]『価値共創の未来へ─顧客と企業の Co-Creation』ランダムハウス講談社。
- Cooper, R. G. [1988] Predevelopment activities determine new product success, *Industrial Marketing Management*, 17(3), 237-247.

▶製品開発における代表的な組織構造のタイプについて学びます。
▶企業がおかれた状況や製品によって適切な組織構造は異なることを学びます。
▶開発期間を短縮し，すばやく顧客に製品を届けるための組織について学びます。

組織構造　機能別組織　プロジェクト組織　開発リードタイム
製品アーキテクチャ

1 組織構造の類型

1.1 製品開発の組織

　あなたのまわりには多くの製品があることでしょう。その製品はどのような組織によって作られているのでしょうか。たとえば，お茶の飲料メーカーは，お茶の葉を調達する部門や新製品を企画する部門，さらには，工場で調達してきたお茶の葉から実際にお茶をつくり，ペットボトルに入れる作業をする部門など，いくつかの部門に分かれて製品の開発，生産を行っています。第2章で学んだように，多くの企業は，そこで働く人々をいくつかの組織に分割しています。

　本章ではこのような企業の中の組織のうち，製品開発に関わる組織について学びます。組織について理解するためには，その構造を理解することが重

要です。以下では，機能別組織とプロジェクト組織という2つの代表的な組織構造について学んでいきます。

1.2 機能別組織

機能別組織とは，開発に携わる各部門が各機能業務に対応するように区分された**組織構造**のことです。機能別組織の場合，機械の専門家，エレクトロニクスの専門家，素材の専門家，システムの専門家，デザインの専門家など同一の機能業務を行う専門家が同じ部門に集められます。

機能別組織の有利な点は，部門内において知識やノウハウ，あるいは開発された技術を複数の製品に展開していけることです。一方，不利な点は，各**機能部門**は，それぞれの専門分野のみに集中した業務を行うため，各部門で利害対立が生じ，調整が必要になることです。

1.3 プロジェクト組織

プロジェクト組織は，特定の製品の開発を目的として，さまざまな機能業務を担当するメンバーがそれぞれの部門から集められ，**プロジェクト**が形成された組織構造のことです。通常は，機能部門を中心とした組織構造を採用し，そこからメンバーが選ばれて，ある期間だけプロジェクトに集められ，プロジェクトが終了すると再びその機能部門へ戻ります。したがって，この組織構造でも機能部門がなくなってしまうわけではなく，少なくとも一部の機能業務が機能部門内に残されます。

プロジェクト組織の利点は，メンバー同士が機能部門の壁を越え，1つのチームとして製品開発に取り組むことになるので，連帯意識をもちながら開発を進めていける点です。一方，不利な点は，プロジェクト組織は基本的には製品開発が終了すれば解散するため，そこで生み出された知識・ノウハウを組織に体系的に残しておくことが難しくなる点です。また，メンバーはその特定の製品のみに注力するため，個別製品の最適性に意識がいってしまい，

図表9－1 ▶▶▶機能別組織とプロジェクト組織（機能重視と連携重視）

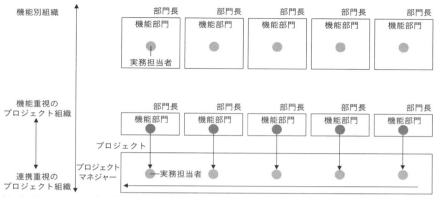

（出所）藤本・クラーク［2009］と延岡［2006］をもとに筆者作成。

他の製品との部品・技術の共通化や，知識・ノウハウの横展開が難しくなります。

　さらに，プロジェクト組織は，**機能重視のプロジェクト組織**と**連携重視のプロジェクト組織**の2つに分けることができます（**図表9－1**）。もし，開発者が複数のプロジェクトを掛け持ちしている場合には，機能重視のプロジェクト組織になります。これに対し，開発者が基本は機能部門の中に残りながらも，特定のプロジェクトを専属的に担当しているのならば，連携重視のプロジェクト組織になります。

　実際の企業の開発組織は，程度の差はあれ，機能重視のプロジェクト組織から連携重視のプロジェクト組織の間のどこかにあてはまることが多いです。

2 ╱ プロジェクト・マネジャー

2.1 プロジェクト・マネジャーとは

　プロジェクト・マネジャーとは製品開発プロジェクトを率いるリーダーのことで，**プロダクト・マネジャー**と呼ばれることもあります。

図表9－2 ▶ ▶ ▶軽量級と重量級プロジェクト・マネジャーの比較

	軽量級 プロジェクト・マネジャー	重量級 プロジェクト・マネジャー
役職レベル	機能部門長より下	機能部門長と同等か上
主な役割	調整役	リーダー
責任範囲と権限	開発スケジュールの設定・管理 ミーティングの進行 各部門間の調整作業 間接的な技術者管理	製品コンセプトの策定 主要な技術の選択 製品スペック・価格の決定 販売目標の設定・管理 コスト・利益の管理

（出所）藤本・クラーク［2009］と延岡［2006］をもとに筆者作成。

　このプロジェクト・マネジャーは，権限の大きさや責任の範囲の広さに応じて，2つのタイプに分類されることがあります。1つを**軽量級プロジェクト・マネジャー**，もう1つを**重量級プロジェクト・マネジャー**といいます（図表9－2）。

2.2 　軽量級プロジェクト・マネジャー

　軽量級プロジェクト・マネジャーは機能重視のプロジェクト組織に適したタイプのプロジェクト・マネジャーです。機能重視のプロジェクト組織では機能部門の専門性や自立性をより生かすため，機能部門の権限を強く残す必要があります。そのため，重量級プロジェクト・マネジャーに比べ，権限が小さい軽量級プロジェクト・マネジャーが適合するのです。

　軽量級プロジェクト・マネジャーの主な役割は，調整役です。つまり，製品コンセプト，主要な技術の選択に関する決定，製品スペック，価格などに関する重要な決定事項については，各機能部門の部門長が行うことになります。

2.3 　重量級プロジェクト・マネジャー

　軽量級プロジェクト・マネジャーに対し，重量級プロジェクト・マネ

ジャーは連携重視のプロジェクト組織に適したタイプのプロジェクト・マネジャーです。連携を重視したプロジェクト組織では機能部門の専門性や自立性よりもプロジェクトの推進力を強化する必要があるため，プロジェクト・マネジャーの権限を強くする必要があります。そのため，重量級プロジェクト・マネジャーは，機能部門の部門長と同等か，それ以上に強い権限をもっています。

重量級プロジェクト・マネジャーは，単なる部門間の調整を超えたプロジェクトに関するありとあらゆる事項の最終意思決定を行います。より具体的には，製品コンセプト，主要な技術の選択に関する決定，製品スペック，価格などに関する重要な決定も行います。また，販売の目標や計画，コストや利益管理にも責任をもっています。重量級プロジェクト・マネジャーが活躍している組織として有名なのはトヨタ自動車です。製品開発のプロジェクトリーダーである「**チーフ・エンジニア**」は，担当製品の開発について経営トップから全権を与えられ，担当する製品のコンセプト作りから設計，スタイリング，販売方針の決定まで，製品開発のすべての工程に責任を担います。

3 / 組織設計に影響を与える要因

3.1 戦略と組織構造

このように，製品開発の組織にはさまざまなタイプがみられます。ここで重要なのは，製品開発の組織には，唯一最適なものがあるわけではないということです。つまり，開発する企業がおかれた状況や製品等によって適切な組織は異なります。したがって，製品開発の組織を設計する際には，さまざまな要因を考慮しなければなりません。

組織設計に影響を与える要因として重要なのは，企業の戦略です。企業の業績を高めるためには，企業内部のマネジメントを考えるだけではなく，外部環境と適合することが重要になってくるからです。いくら組織の効率性が

高くとも，顧客を喜ばせることができない，もしくは，競合企業に勝つことができなければ企業の業績は高まりません。とくに経営環境が目まぐるしく変わる昨今では，企業は戦略と組織を環境に合わせて主体的，かつ創造的に変化させていかなければなりません。そのため，戦略に合わせた組織構造も重要であると同時に，組織のあらゆるレベルが参画して組織構造に適した戦略を創り出すことも必要になっているのです。

3.2 顧客のニーズと組織構造

　顧客のニーズと組織構造の間にも密接な関係があります。より具体的に述べると，顧客のニーズが比較的シンプルでわかりやすい製品と，顧客のニーズが複雑でわかりにくい製品では適する組織構造が違います。つまり，先ほど学んできた戦略も含め，戦略，組織，顧客のニーズの3つは密接に関わっているのです（**図表9－3**）。

　顧客のニーズが比較的，シンプルでわかりやすい製品の例としては企業で使われるパソコンがあるでしょう。なぜなら，パソコンの機能は画面サイズや記憶メモリの容量など，その製品特性の多くを数値やその機能の有無で示すことができるからです。製品特性を数値や機能の有無で示すことができる製品は，顧客が望む製品の特性が比較的わかりやすい製品になります。

　このように顧客のニーズが比較的，シンプルでわかりやすい製品の場合，それをつくるのに適した組織構造は機能別組織や機能重視のプロジェクト組織です。これらの製品は，各機能が役割分担をして，最終的に組み合わせることで製品として成り立つからです。

　一方，顧客のニーズが複雑な製品の例としては婦人服があるでしょう。婦

図表9－3 ▶ ▶ ▶戦略と組織と顧客のニーズの関係

（出所）チャンドラー［2004］と野中［2002］をもとに筆者作成。

人服には流行，着心地や個人の体型など，数値では示すことができない要素が多く，顧客のニーズを明確に把握することが難しい製品だといえます。

このように顧客のニーズが複雑な製品の開発の場合は，連携重視のプロジェクト組織が適した組織になります。これは，市場にいかにすばやく対応できるかがカギになるためです。また，顧客のニーズが明確に把握できないため，製品コンセプトや製品の機能・構造を明確に定めることが難しくなります。そこで，連携重視のプロジェクト組織でメンバー間のコミュニケーションを緊密に行い，メンバー間の考え方を統一して製品に反映させることが重要になります。

3.3 開発リードタイム

近年は，グローバルレベルでの競争が激化しており，顧客のニーズにいち早く対応することがその競争の勝敗を決める要因になっています。そのため，開発期間を短縮し，すばやく顧客に製品を届ける仕組みをつくり出すことは企業が厳しい競争を勝ち残っていくうえでとても大切なことになっています。

開発の開始から製品の生産開始あるいは販売までの期間のことを**開発リードタイム**といいます（**図表9－4**）。製品の開発リードタイムが長いか，短

図表9－4 ▶▶▶開発リードタイム

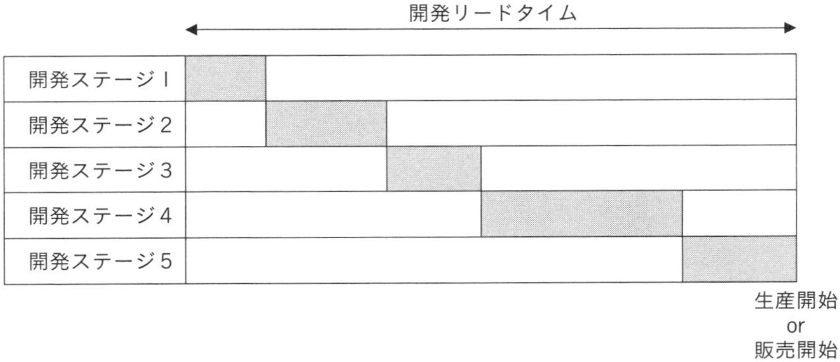

（出所）藤本・クラーク［2009］をもとに筆者作成。

147

いかはその企業の組織構造に大きな影響を与えます。

　開発リードタイムが短い場合は，連携重視のプロジェクト組織が適していることになります。なぜなら，連携重視のプロジェクト組織は，重量級プロジェクト・マネジャーのもとに，その製品の開発に関連する研究，開発，調達，生産，販売という一連の担当者が集められるため，一致団結して，その開発に短期間の間で専念することができるためです。

　一方，開発リードタイムが長い場合は，機能別組織や機能重視のプロジェクト組織が適した組織構造になります。組織に知識やノウハウを蓄えながら，製品開発を進めることができるためです。

4 ／ 製品アーキテクチャが組織に与える影響

4.1 ／ 製品アーキテクチャ

　以上のように，製品開発の組織設計には，戦略，顧客のニーズ，開発リードタイムが影響を与えます。しかし，製品開発の組織設計に影響を与える要因は他にもさまざまなものがあります。ここでは，その中でもとくに重要な製品アーキテクチャを取り上げます。

　製品アーキテクチャとは，製品の機能と製品を構成する部品や要素の対応関係，および製品を構成する部品や要素のつなぎ方についての基本的な構想のことです。たとえば，コンピュータは，文書を作る，データを処理するといった機能をもっていますが，その機能はCPU，メモリ，ハードディスク，モニター，キーボード，マウス，オペレーティング・システム，アプリケーションといったさまざまな部品・ソフトウェアによって実現しています。そして，それぞれの部品・ソフトウェアはきちんと動作するように連結されています。こういった，機能と部品・要素の対応関係や部品・要素のつなぎ方が製品アーキテクチャです。

4.2 製品アーキテクチャの分類

　製品アーキテクチャの分類で最も重要なのが，モジュラー型とインテグラル型の分類です。

　モジュラー型とは，製品を構成する部品・要素とそれらの機能とが1対1対応に近く，すっきりしたアーキテクチャのことをいいます（**図表9－5**）。このため，事前に部品の組み合わせ方のルールを決めておき，開発の際にはそのルールによって，部品間の組み合わせを行うことができます。

　モジュラー型の製品では，独立性の高い部品を組み合わせれば，製品全体をつくることが可能になります。一般的にパソコンは，独立性の高い部品から構成された製品であり，モジュラー型の製品です。

　これに対し，**インテグラル型**とは，製品を構成する部品・要素と製品の発揮する機能との対応関係が複雑なアーキテクチャのことをいいます（**図表9－5**）。そのため，事前に部品間の相互依存関係のあり方や部品の組み合わせのルールを完全には決めることができず，製品開発を行う段階で，全体の最適性を考え，各部品間の調整を行いながら完成度を高めていく設計方式が必要になります。

　一般的に，自動車のような非常に複雑な製品は，部品間の相互依存関係が複雑なため，あらかじめルールを決めるようなモジュラー型製品の開発には向いていません。そのため，事後調整を主としたインテグラル型の設計方式が採用されています。ただ，インテグラル型のアーキテクチャは複雑な製品にも対応できますが，個別の製品に対し，各部品の調整を複雑に行っていく

図表9－5 ▶▶▶**製品アーキテクチャの分類：モジュラー型とインテグラル型**

（出所）藤本［2004］をもとに筆者作成。

必要がありますので，どうしてもコスト高になってしまう面もあります。

4.3 製品アーキテクチャと組織設計

　製品アーキテクチャという考え方が重要なのは，それが製品開発組織の設計に大きな影響を与えるからです。

　製品アーキテクチャがインテグラル型の場合は，部門間での調整や情報交換が多く必要になります。したがって，アーキテクチャがインテグラル型の製品の開発の場合には，組織構造としては，調整や情報交換がやりやすい連携重視のプロジェクト組織が適していることになります。

　これに対し，製品アーキテクチャがモジュラー型の場合は，部門間での調整や情報交換の必要性は小さくなります。したがって，このようにアーキテクチャがシンプルな製品の開発の場合は，別々の部門で各部品・要素をそれぞれ別に開発した後，個々の部品・要素を統合しても問題なく製品として組み合わせられるので，組織構造としては機能別組織や機能重視のプロジェクト組織が適していることになります。

　とくに製品アーキテクチャがモジュラー型の場合，別々の部門で各部品・要素をそれぞれ別に開発することになるため，技術革新が進みやすくなるという特徴があります。また，場合によっては部品を自社内で開発・生産するのではなく，他社に開発・生産を委託することも可能になります。

　これをさらに進めると，標準化された部品を外部から購入して自社製品に組み込むということも可能になります。このように，部品の標準化度が高く，幅広い調達先を利用することが可能となるアーキテクチャをオープン型といいます。それに対して，部品の標準化度が低く，その部品を入手するためには特別な発注を行わねばならなかったり，自社内で開発・生産しなければならなかったりするアーキテクチャをクローズド型といいます。

5 / 機能間連携と開発の効率化

5.1 / 開発の効率化とは

　以上のように，製品開発の組織はさまざまな要因を考慮して設計する必要があります。しかし，上手に組織を設計すれば，それだけで製品開発の効率が高まるわけではありません。次に大切なのは，**開発の効率化**のために，その組織をどのように運営するのか，ということになります。

　開発の効率化を進めるうえで，開発リードタイムを短縮することが重要な取り組みであることはすでに学びました。その理由は次のとおりです。世界的な競争激化の中で，顧客のニーズは常に変化しており，開発を開始したときは顧客のニーズに合致していた製品も，開発リードタイムが長いと，販売される頃には，顧客のニーズに合致しなくなることがあります。それゆえに，開発リードタイムを短縮することが重要なのです。

　では，どのようにすれば開発リードタイムを短縮できるのでしょうか。ここでは，そのための方法としてコンカレント・エンジニアリングとフロントローディングについて学びます。

5.2 / コンカレント・エンジニアリング

　コンカレント・エンジニアリングとは，各ステージを担当している部門が個別に分担すべき業務を終了してから次のステージを担当している部門に引き渡すのではなく，各ステージの業務を並行させて製品開発を進める方法のことです。**図表9－6**のように，他の条件が同じならば，製品開発プロセスの連続する2つのステージの業務を同時並行的に進めるほうが，全体としての開発リードタイムは短くなります。

　ここで注意しなければならないことは，単純に各ステージの業務を同時並行的に進めるだけでは開発リードタイムは短くならないということです。通

図表9－6 ▶▶▶コンカレント・エンジニアリングの実施

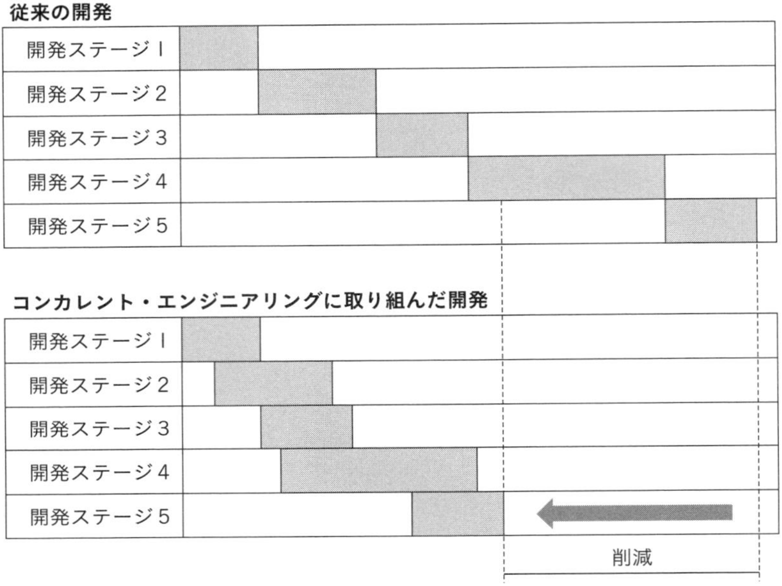

従来の開発

開発ステージ1					
開発ステージ2					
開発ステージ3					
開発ステージ4					
開発ステージ5					

コンカレント・エンジニアリングに取り組んだ開発

開発ステージ1					
開発ステージ2					
開発ステージ3					
開発ステージ4					
開発ステージ5					

削減

(出所) 藤本・クラーク［2009］と延岡［2006］をもとに筆者作成。

常，上流のステージと下流のステージが前後関係にある場合，上流のステージの業務のアウトプットは下流のステージの業務のインプットとなります。たとえば，上流のステージの業務を設計，下流のステージの業務を試作品の組み立てとします。この状況で上流のステージと下流のステージの開発業務を同時に開始させると，設計がすべて決まらないうちに試作品の組み立てを開始することになります。したがって，仮に後になって設計で重大な変更があった場合，せっかくつくった試作品がすべて無駄になるということもあるのです。こうなると，開発リードタイムは逆に長くなってしまいます。

これを避けるために必要なのが，上流のステージを担当する部門と下流のステージを担当する部門間における**信頼関係の構築**と**緊密なコミュニケーション**なのです。お互いの情報を頻繁に交換し，相手の動きを予想しながら，相互適応する高度な組織間連携が求められるのです。

5.3 フロントローディング

　次に，開発リードタイムを削減するもう1つの手法であるフロントローディングについて学んでいきましょう。

　フロントローディングは，起こりうる問題を早い段階からできるだけ網羅的に洗い出し，それをできるだけ早期につぶしておく製品開発の手法です。

　製品開発のプロセスは，後になればなるほど変更に伴って無駄になってしまう作業が増え，変更しなければならない範囲も広がります。したがって，前倒しで問題を解決できるほど，解決に要する時間を短縮し，限られた時間の中でより多くの問題を解決することができるようになります（**図表9－7**）。

　フロントローディングを含む製品開発の効率性を高める試みが，日々，企業では行われています。そして，その成否がグローバル競争の中での勝敗を握るカギにもなっています。

図表9－7 ▶▶▶フロントローディングの効果

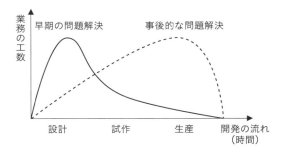

（出所）藤本・クラーク［2009］と延岡［2006］をもとに筆者作成。

1. あなたが興味をもっている会社の開発組織について調べてみましょう。
2. また，その開発組織はどのような組織構造になっているでしょうか。

1. 興味をもっている企業の製品を選択し，その製品アーキテクチャがどのタイ
   プに分類されるべきか，グループで議論してみましょう。意見が割れる場合，
   それぞれどのような点に注目したのか確認しましょう。
2. 何らかの製品を選んだうえで，その開発リードタイムを短縮化できた場合に，
   具体的にどのような良いことがあるでしょうか。議論しましょう。

▶ ▶ ▶さらに学びたい人のために ────────────

● 藤本隆宏［2004］『日本のもの造り哲学』日本経済新聞社。

参 考 文 献

● 近能善範・高井文子［2010］『コア・テキスト　イノベーション・マネジメント』新世社。
● 野中郁次郎［2002］『企業進化論─情報創造のマネジメント』日本経済新聞社。
● 延岡健太郎［2002］『製品開発の知識』日本経済新聞社。
● 延岡健太郎［2006］『MOT［技術経営］入門』日本経済新聞社。
● 藤本隆宏［2004］『日本のもの造り哲学』日本経済新聞社。
● 藤本隆宏・武石彰・青島矢一編［2001］『ビジネス・アーキテクチャ─製品・組織・プロ
  セスの戦略的設計』有斐閣。
● ボールドウィン，C. Y.・クラーク，K. B. 著，安藤晴彦訳［2004］『デザイン・ルール─モ
  ジュール化パワー』東洋経済新報社。
● チャンドラー，A. D. Jr. 著，有賀裕子訳［2004］『組織は戦略に従う』ダイヤモンド社。
● 藤本隆宏・クラーク，K. B. 著，田村明比古訳［2009］『（増補版）製品開発力─自動車産
  業の「組織能力」と「競争力」の研究』ダイヤモンド社。

第10章 技術と組織間関係

Learning Points

▶技術経営で扱う組織間関係とは何かについて学びます。
▶何を自社で行い，何を他社に任せるのかという組織間の分業のマネジメントについて学びます。
▶どのような企業と，どのように協力していくのかという組織間の連携のマネジメントについて学びます。

Key Words

組織間関係　垂直分業　水平分業　戦略的提携　オープン・イノベーション

1 技術と組織間関係

　本章では，技術経営における**組織間関係**の問題について学びます。組織は，組織を取り巻く環境と資源をやりとりして目的達成や組織存続を図っています。組織を取り巻く環境にはさまざまな組織が関係しており，組織としての企業が成長・存続するためには，組織と組織の関係のあり方，すなわち組織間関係のマネジメントについて考えていく必要があります。

　第9章で学んだように，製品開発の組織には唯一最適なものがあるというわけではなく，適切な組織構造はその企業がおかれた状況や製品分野などによって異なっていました。とくに近年では，技術の複雑化や企業間競争の激化などによって，企業1社で技術開発や製品開発をすべて手掛け，そこから価値を創造することが困難になってきています。

　また，第3章で学んだように，競争優位を生み出すためには，製品レベルではなく，ビジネスシステムレベルで独自性をつくり出していく必要があり

図表 10 − 1 ▶ ▶ ▶ アウトソーシングとアライアンスの関係

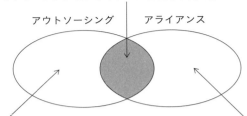

アウトソーシングとアライアンスは重なり合う部分がある

アウトソーシング　　　アライアンス

部品や機能業務の一部を外部組織
に任せている（お互いに協力し
合っていない場合も含まれる）

2つ以上の組織が協力し合っている
（部品や機能業務の一部を外部組織
に任せていない場合も含まれる）

出所：近能・高井［2010］をもとに筆者作成。

ます。他社と連携して価値を創造するためには，各企業間で事前にルールを
設定したり，事後的な調整を行ったりする仕組みをつくらなければなりませ
ん。その一方で，他社と連携して創造された価値をうまく分配する仕組みが
なければ，そのビジネスシステムが長期的に存続するのは困難になるでしょ
う。

　そこで，技術経営における組織間関係のマネジメントでは，他社との分業
や連携が重要な論点となります。組織間関係のマネジメントでは，**図表10
− 1** のように，部品や機能業務を他社に任せることは**アウトソーシング**と
呼ばれ，2つ以上の組織が協力し合うことは**アライアンス（提携）**と呼ばれ
てきました。

　本章では，まず，組織間の分業のマネジメントでは，何を自社で行い，何
を他社に任せるのかという問題について考えていきます。次に，組織間の連
携のマネジメントでは，どのような企業と，どのように協力していくのかと
いう問題について考えていきます。

2 組織間の分業のマネジメント

2.1 垂直分業と水平分業

それでは，まず組織間の分業のマネジメントについて考えていきましょう。組織間の分業には，2つの方向性があります（**図表10−2**）。

第1は，垂直方向の分業です。垂直方向の分業とは，製品構造における分業のことです。組み立て型の製品の場合，製品は部品から構成されています。このとき，製品を構成する部品を製造する企業と，それらの部品を組み立てて最終製品を製造する企業が異なる場合，これを**垂直分業**と呼びます。一方で，製品を構成する部品と最終製品を同じ企業が製造している場合，これを**垂直統合**と呼びます。

第2は，水平方向の分業です。水平方向の分業とは，機能業務における分業のことです。製品は，研究・技術開発（R&D），設計開発，製造，物流，販売，サービスなどの機能業務のプロセスを経て顧客に提供されています。このとき，機能業務のプロセスの各段階を担当する企業が異なる場合，これを**水平分業**と呼びます。一方で，機能業務のプロセスの各段階を担当する企業が同じ場合，これを**水平統合**と呼びます。

図表10−2の❶では，企業Aは，垂直方向の最終製品，部品1，部品2をすべて手掛けることで垂直統合しています。また，企業Aは，水平方向のR&D，設計開発，製造という機能業務をすべて手掛けることで水平統合しています。

その一方で，**図表10−2**の❷では，企業B，企業C，企業Dは，最終製品，部品1，部品2をそれぞれ手掛けることで垂直分業を行っています。また，最終製品を担当する企業Bと部品1を担当する企業Cは，製造の機能業務をそれぞれ企業Eに任せることで水平分業しています。それに対して，企業Dは，部品2のみのR&D，設計開発，製造という機能業務をすべて手掛けることで水平統合しています。

図表 10 − 2 ▶ ▶ ▶ 垂直分業と水平分業（垂直統合と水平統合）

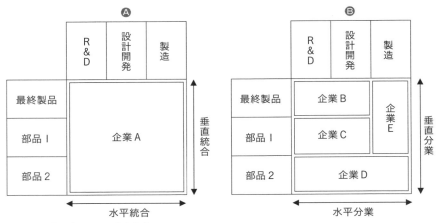

出所：延岡［2006］をもとに筆者作成。

2.2 ▰ 製品アーキテクチャと分業構造

　組織間の分業には垂直方向の分業と水平方向の分業がありました。組織間の分業構造のあり方は，第9章で学んだ製品アーキテクチャの影響も受けます。**図表10−3**は，製品アーキテクチャ特性と組織間関係の相性を示したものです。

　一方で，インテグラル型の製品アーキテクチャでは，部門間での調整や情報交換が多く必要になります。また，クローズド型の製品アーキテクチャでは，部品の標準化度が低く，その部品を入手するためには特別な発注を行う必要があります。

　そのため，インテグラル型やクローズド型の製品アーキテクチャでは，同一企業が部品から最終製品まで担当する垂直統合型や，同一企業が機能業務のプロセスの各段階を担当する水平統合型の組織間関係との相性が良いです。

　他方で，モジュラー型の製品アーキテクチャでは，部門間での調整や情報交換の必要性が小さくなります。また，オープン型の製品アーキテクチャでは，部品の標準化度が高く，幅広い調達先を利用することができます。

　そのため，モジュラー型やオープン型の製品アーキテクチャでは，広範囲

図表 10 − 3 ▶ ▶ ▶製品アーキテクチャと組織間関係

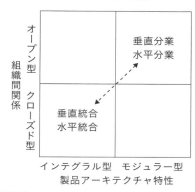

オープン型 クローズド型
組織間関係

垂直分業
水平分業

垂直統合
水平統合

インテグラル型　モジュラー型
製品アーキテクチャ特性

出所：延岡［2002］をもとに筆者作成。

の企業から最適な取引相手を選択しやすい水平分業型や垂直分業型の組織間
関係と相性が良いです。

2.3　分業構造の決定基準

　分業構造のあり方は，企業がおかれた状況や製品分野などによって異なっ
ていました。それでは，何を自社で行い，何を他社に任せるのかという分業
構造はどのようにして決定されるのでしょうか。こうした自社で手掛ける
（make）のか，他社に任せる（buy）のかというアウトソーシングの問題は，
「**make-or-buy**」（内製か外注か）の問題とも呼ばれています。

　分業構造の決定は，他社に任せる（自社で行う）メリットと他社に任せる
（自社で行う）デメリットを比較して判断することができます。つまり，他
社に任せるメリットがデメリットよりも大きければ他社に任せるほうが望ま
しく，逆に，他社に任せるデメリットがメリットよりも大きければ自社で行
うほうが望ましいということです。

　たとえば，部品や機能業務を他社に任せることにより，自社の固定費やリ
スクを削減したり，専門企業による規模の経済や経験効果を享受したりする
ことなどのメリットがあります。その一方で，部品や機能業務を他社に任せ

図表 10 － 4 ▶ ▶ ▶ 「コア」か「非コア」の判断基準

項目	評価
①付加価値は大きいのか？	
②他の多くの部品や機能業務との相互依存性は高いのか？	
③他社と比較して競争優位性はあるのか？	
④市場での調達は困難なのか？	
⑤戦略性は高いのか？	

出所：近能・高井［2010］をもとに筆者作成。

ることにより，自社における**技術の空洞化**や他社への**情報流出**のリスクが生じたり，自社の差別化機会の減少や他社への交渉・監視コストが増加したりすることなどのデメリットがあります。

　また，分業構造の決定は，コアとなる部品や機能業務は自社で行い，非コア（コアではない）である部品や機能業務は他社に任せるという基準で判断することができます。**図表 10 － 4** は，コアか非コアを判断する項目を示したものです。

　①の項目は，自社にとって付加価値をもたらすような部品や機能業務が「コア」で，そうではないものが「非コア」という判断基準です。②の項目は，自社にとって必要な部品や機能業務の中でも，他の多くの部品や機能業務との間に相互依存性や関連性が高いものが「コア」で，そうでないものが「非コア」という判断基準です。③の項目は，自社と他社を比較して，自社のほうが競争優位性をもっている部品や機能業務が「コア」で，そうではないものが「非コア」という判断基準です。④の項目は，市場での調達が困難な部品や機能業務が「コア」で，そうでないものが「非コア」という判断基準です。⑤の項目は，自社にとって戦略性が高いと考えられる部品や機能業務が「コア」で，そうでないものが「非コア」という判断基準です。

　このように，何を自社で行い，何を他社に任せるのかという分業構造の決定には，さまざまな要因が関わっています。しかし，実際の分業構造には，自社か他社かという二者択一だけでなく，その中間型も存在します。たとえばジョイント・ベンチャーなどの組織間の連携です。それでは，次に組織間

の連携のマネジメントについて考えていきましょう。

3 組織間の連携のマネジメント

3.1 戦略的提携

　組織間の連携には，異なる企業や組織がお互いのメリットになるように協力し合うアライアンスがあります。とくに，競争優位の実現という戦略的意図をもって結ばれるアライアンスは，**戦略的提携**と呼ばれます。戦略的提携には，**図表 10 － 5** のように，出資を伴わない業務提携，出資を伴う資本提携，お互いの共同出資で独立企業を設立するジョイント・ベンチャーなどの形態があります。

　戦略的提携では，同じ業界内で競争している企業同士でも特定の分野に限定して協調行動が行われます。第 5 章で学んだ業界標準をめぐる競争では，業界標準を確立するために同じ業界内で競争している企業同士が協調行動をとっていました。

図表 10 － 5 ▶ ▶ ▶ 戦略的提携のタイプ

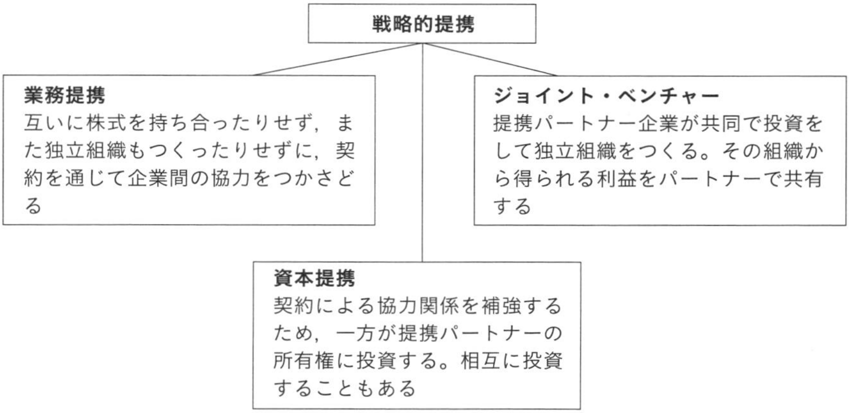

```
                    ┌──────────────┐
                    │  戦略的提携   │
                    └──────────────┘
```

業務提携
互いに株式を持ち合ったりせず，また独立組織もつくったりせずに，契約を通じて企業間の協力をつかさどる

ジョイント・ベンチャー
提携パートナー企業が共同で投資をして独立組織をつくる。その組織から得られる利益をパートナーで共有する

資本提携
契約による協力関係を補強するため，一方が提携パートナーの所有権に投資する。相互に投資することもある

出所：バーニー［2003］をもとに筆者作成。

しかし，戦略的提携にはメリットだけでなく，デメリットもあります。一方で，戦略的提携における重要なメリットとして，提携相手からの学習があります。提携相手の知識や技術は，事業活動を通じて自社に蓄積することができます。

　他方で，戦略的提携におけるデメリットとして，提携相手への知識や技術の流失リスクがあります。自社にとって提携相手の知識や技術を学習する機会であるということは，提携相手にとっても自社の知識や技術を学習する機会となってしまうのです。

3.2　オープン・イノベーションとは

　近年，アウトソーシングやアライアンスをはじめとする組織間の分業や組織間の連携の重要性が高まっています。その背景には，技術の複雑化や企業間競争の激化などの影響があります。

　一方で，**図表10−6**のように，企業1社で研究開発をすべて手掛け，技術の事業化を図ることを，**クローズド・イノベーション**と呼びます。また，こうした企業外部の技術には目を向けずに企業内部で技術をすべて生み出そうとする自前主義は，**NIH**（not-invented-here）**症候群**と呼ばれます。

　他方で，**図表10−7**のように，企業内部で生み出された技術を自社で利用するだけでなく，企業外部に提供したり，企業外部で生み出された技術を入手したりすることで，技術の事業化を図ることを，**オープン・イノベーション**と呼びます。企業1社の資源や能力では技術開発や製品開発をすべて手掛けることが困難になってきていることから，オープン・イノベーションはマネジメントの重要な選択肢となってきています。

　また，ビジネスシステム間の競争では，個別企業が顧客に製品・サービスを提供するまでの価値連鎖から，補完製品・サービス（補完財）を提供する**補完企業**を取り込んだより広範囲な価値の創造と配分の仕組みが重要となってきています。そのため，以下では，プラットフォームやエコシステムのマネジメントについて取り上げていきます。

図表10－6 ▶▶▶クローズド・イノベーションによる研究開発マネジメント

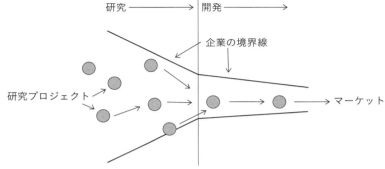

出所：チェスブロウ［2004］6頁。

図表10－7 ▶▶▶オープン・イノベーションによる研究開発マネジメント

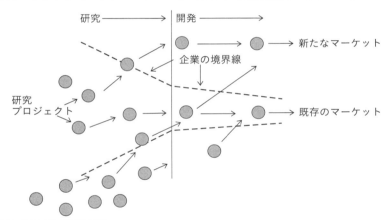

出所：チェスブロウ［2004］9頁。

3.3 プラットフォームのマネジメント

　まずは，プラットフォームのマネジメントについてです。**プラットフォーム**とは，一般的には，物事を進行・展開していくうえで中心となる土台のことを意味しています。経営学では，プラットフォームという概念は，技術・製品・産業の３つのレベルで使い分けられています。

　第１に，**技術レベルのプラットフォーム**とは，第４章で学んだコア技術戦

図表 10 − 8 ▶ ▶ ▶ PC 産業（1990 年代）における価値の分配

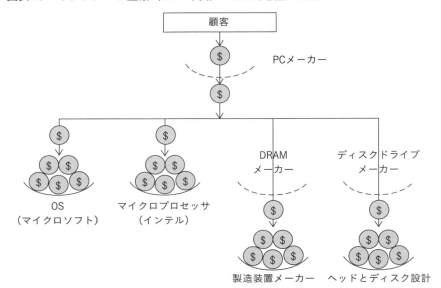

出所：クリステンセン＆レイナー［2003］をもとに筆者作成。

略のように，複数の製品分野に製品を展開していくための役割を果たす土台
を意味しています。

　第 2 に，**製品レベルのプラットフォーム**とは，第 7 章で学んだマルチプロ
ジェクト戦略のように，複数の製品モデルに共通部品および部品群を展開し
ていくための役割を果たす土台を意味しています。

　第 3 に，**産業レベルのプラットフォーム**とは，ビジネスの中心となる製
品・サービスに，補完製品・サービスを展開していくための役割を果たす土
台を意味しています。

　ここでは，産業レベルのプラットフォームのマネジメントを中心にみてい
きます。第 5 章で学んだ業界標準をめぐる企業間競争には，競争と協調の 2
つの側面がありました。

　図表 10 − 8 は，PC 産業における価値の分配の仕組みを示したものです。
PC 産業では，マイクロソフトの OS（オペレーション・システム）とイン
テルのマイクロプロセッサが業界標準を獲得し，産業レベルのプラット

フォームとなりました。マイクロソフトとインテルの両社は，補完的なハードウェアやソフトウェアを提供する補完企業のイノベーションを促進するように働きかけて，PC 産業を主導してきました。

その結果，マイクロソフトとインテルの両社は，PC 産業で創造された価値の多くを獲得しました。その一方で，組み立てを担当する PC メーカー，DRAM メーカーやディスクドライブメーカーなどは，PC 産業で創造された価値を十分に獲得することができませんでした。

このように，産業レベルのプラットフォームにおいて，プラットフォームの中心企業である**プラットフォーム・リーダー**の役割が重要になります。とくに，プラットフォーム・リーダーには，補完企業のイノベーションを促しながら価値の創造と価値の獲得を両立していくことが求められます。

3.4 エコシステムのマネジメント

次は，エコシステムのマネジメントについてです。**エコシステム**（生態系）という概念は，ビジネスの競争構造が自然の生態系の競争構造と似ていることから，経営学でも使われるようになりました。ビジネスのエコシステムでは，ある企業の利己的な行動は，エコシステムの崩壊を導いてしまう可能性があります。その一方で，ある企業の協調的な行動は，エコシステムの繁栄につながる可能性があります。

エコシステムの概念は，狭い意味では，プラットフォームの中心企業，補完企業，供給業者，顧客のネットワークを指します。より広い意味では，さらに，当該ビジネスに関係する政府，大学，金融機関などのさまざまな組織も含むことがあります。

図表 10 − 9のように，エコシステムでは，**ネットワーク外部性**が作用しやすい傾向にあります。第 5 章で述べたように，ネットワーク外部性には，直接ネットワーク効果と間接ネットワーク効果があります。一方で，直接ネットワーク効果とは，ユーザー数が増えるほどユーザーの利便性が増す効果のことです。他方で，間接ネットワーク効果とは，ユーザー数の増加が補

図表 10 - 9 ▶▶▶エコシステムにおけるネットワーク外部性

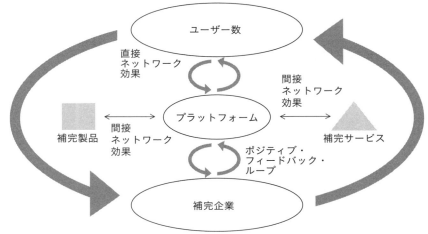

出所：クスマノ［2012］をもとに筆者作成。

完財の数を増加させることによってユーザーの利便性が増す効果のことです。エコシステムでは，プラットフォームを介して補完企業とユーザーが間接的につながり，ポジティブ・フィードバックが作用する可能性があります。

　たとえば，家庭用ゲーム産業のエコシステムについて考えてみましょう。ここでは，単純に，プラットフォームとしてのゲーム機を提供するゲーム機企業と，補完製品としてのゲームソフトを提供するゲームソフト企業の関係をみていきます。

　家庭用ゲーム産業のエコシステムでは，プラットフォームとしてのゲーム機の価値はゲーム機の性能だけでなく，補完製品としてのゲームソフトの数や質の影響を受けます。一方で，当該ゲーム機対応のゲームソフトの数や質の増加は，ユーザーにとっての魅力が向上することから，ユーザー数の増加につながります。他方で，当該ゲーム機のユーザー数の増加は，ゲームソフト企業にとってのビジネス機会となることから，ゲームソフトの数や質の増加につながります。

　また，価値の創造と分配という面では，ゲーム機企業にとっては，ゲーム機だけでなくゲームソフトも自社で提供したり，ゲームソフト開発のライセ

ンス料を高く設定したりすることで，創造された価値の多くを獲得すること
ができます。こうしたゲーム機企業の利己的な行動は，ゲームソフト企業に
とっては当該ゲーム機にゲームソフトを提供する魅力が減少することから，
エコシステム全体の価値創造に悪い影響をもたらす可能性があります。

　その一方で，ゲーム機を提供する企業は，ゲームソフト企業への価値の分
配を多くすることもできます。こうしたゲーム機企業の協調的な行動は，
ゲームソフト企業にとっては当該ゲーム機にゲームソフトを提供する魅力が
増加することから，エコシステム全体の価値創造に良い影響をもたらす可能
性があります。

　このように，エコシステム全体の価値創造からより多くの価値を獲得する
ことを目指す場合は，創造された価値の大部分を自社が独占できる仕組みを
構築する必要があります。それに対して，他社と協調してエコシステム全体
としてのより多くの価値創造を目指す場合は，創造された価値を他社にも分
配する仕組みを構築する必要があります。

　以上のように，エコシステムのマネジメントでは，価値の創造と分配の仕
組みをいかに構築するかが重要な課題となります。

Working　　　　　　　　　　　　　　　　　　　　　調 べ て み よ う

　好きな企業を選び，その企業の組織間関係を Web サイトや有価証券報告書な
どで調べて図示してみましょう。

Discussion　　　　　　　　　　　　　　　　　　　　議 論 し よ う

1.　成功している戦略的提携の事例を挙げて，双方にどのようなメリットがある
　のか，その特徴について議論してみましょう。
2.　オープン・イノベーションの成功事例を挙げ，その成功理由について議論し
　てみましょう。

▶▶▶さらに学びたい人のために ————————————

● イアンシティ, M.・レビーン, R. 著, 杉本幸太郎訳 [2007] 『キーストーン戦略—イノベーションを持続させるビジネス・エコシステム』翔泳社。

● ガワー, A.・クスマノ, M. A. 著, 小林敏男監訳 [2005] 『プラットフォーム・リーダーシップ—イノベーションを導く新しい経営戦略』有斐閣。

● 山倉健嗣 [1993] 『組織間関係—企業間ネットワークの変革に向けて』有斐閣。

参考文献

● クスマノ, M. A. 著, 延岡健太郎解説, 鬼澤忍訳 [2012] 『君臨する企業の「6つの法則」—戦略のベストプラクティスを求めて』日本経済新聞出版社。

● クリステンセン, C. M.・レイナー, M. E. 著, 玉田俊平太監修, 櫻井祐子訳 [2003] 『イノベーションへの解—利益ある成長に向けて』翔泳社。

● 近能善範・高井文子 [2010] 『コア・テキスト　イノベーション・マネジメント』新世社。

● チェスブロウ, H. 著, 大前恵一朗訳 [2004] 『OPEN INNOVATION —ハーバード流　イノベーション戦略のすべて』産業能率大学出版部。

● 延岡健太郎 [2002] 『製品開発の知識』日本経済新聞社。

● 延岡健太郎 [2006] 『MOT [技術経営] 入門』日本経済新聞社。

● バーニー, J. B. 著, 岡田正大訳 [2003] 『企業戦略論（下）全社戦略編—競争優位の構築と持続』ダイヤモンド社。

▶大量生産システムの特徴について理解します。
▶日本で発展した大量生産システムである日本型生産システムについて，その特徴を学びます。
▶日本型生産システムの限界と課題について考えます。

大量生産　標準化　機械化　同期化　日本型生産システム

1 大量生産システムの特徴

1.1 大量生産とは

　技術経営の問題は，製品開発だけではありません。開発された製品を実際に製造しなければ顧客のニーズを満たすことはできません。現代の製造で中心的役割を果たすのは**大量生産**です。大量生産というと，ひと昔前の時代を象徴するもののようにいわれることが多くあります。しかし，実際には，今でも多くの人々に製品を行き渡らせようと思えば，大量生産以外に方法がありません。

　皆さんが着ている服も使っている文具もスマートフォンも，さまざまな家電も自動車も，それらを作っている部品も，慣れ親しんでいる加工食品もペットボトルの飲料も，大量生産されたものばかりです。モノばかりではありません。ファストフードのサービスや，コンビニエンスストアのオペレーション，ソフトウェアの開発などにも，大量生産の知恵が活かされています。

図表 11－1 ▶ ▶ ▶ 大量生産システムの特徴

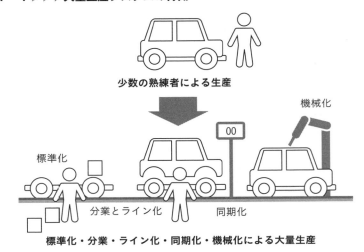

少数の熟練者による生産

機械化

標準化

分業とライン化　　　　同期化

標準化・分業・ライン化・同期化・機械化による大量生産

つまり，現代の私たちの生活は大量生産に支えられているのです。

　どうして大量生産は，これほどまでに現代社会に広まったのでしょうか。
それは，大量生産が，良い品質の製品を低いコストで短期間に大量に生産す
る方法だからです。そのおかげで，人口の大半を占める，とくに裕福ともい
えない人々が，欲しいときに十分な品質の多様な製品を購入することができ
るのです。

　では，大量生産とは，どのような特徴をもった生産システムでしょうか。
大量生産システムとは，**製品の標準化**，**部品の標準化**，**作業の標準化**，工程
における**分業**と**ライン化**による統合，**機械化**，**同期化**によって，良質で均質
な製品を効率よく大量に反復生産する生産システムのことを指します（**図表
11－1**）。

　このように，大量生産システムは複数の原則ともいえる特徴を兼ね備えた
生産システムです。以下に，それぞれの特徴について説明しましょう。

1.2 標準化

大量生産システムの特徴の1つである標準化とは，製品や部品などの規格を厳密に定め，その規格に徹底して合わせて生産することを指します。

したがって，大量生産製品では，同じ型番の製品は，厳密に同じものであることが求められますし，そこに用いられている多くの部品も，それぞれが同じ規格で作られています。部品が同じ規格で作られていれば，いちいち加工調整することなく容易に交換することができます。このように加工調整が不要で交換できる部品を**互換部品**といいます。

大量生産システムは，互換部品で構成され，それ自体も規格化された製品を大量に生産する生産方式なのです。そして，規格を定め，それに従って同じ製品や同じ部品を多く作ることを，それぞれ製品の標準化，部品の標準化というのです。

大量生産システムで標準化されるのは製品や部品ばかりでありません。大量生産に携わる人々の作業も同様に厳密に手順や方法が定められます。これを作業の標準化と呼びます。標準化された作業手順は，同じ作業に携わる作業者に周知するため**標準作業手順書**（standard operating procedure：**SOP**）と呼ばれる文書などに明示されます。この文書は，マニュアルと呼ばれることも多くあります。

ところで，作業の標準化は，高度で複雑な作業では，個人差が現れやすく実現困難となります。製品や部品の標準化を図るのに，作業の出来にバラつきがあると好ましくありません。しかも，作業の出来が良い少数の熟練者にばかり頼っていては，生産量や生産効率の面でも限界が生じます。

また，少数の熟練者に頼ることは，彼ら／彼女らの交渉力を高めるため，労働コストも高くなりますし，長期にわたって安定的に必要な労働力を確保することも困難になります。そこで，作業の標準化を実現するために，高度で複雑な作業を，細分化し，容易で単純な作業に分解したうえで，それを異なる作業者の間で分業させることが前提となります。

1.3 工程における分業とライン化

大量生産システムの第2の特徴は，工程における分業とライン化です。これは，前述のように製品や部品の標準化，そして作業の標準化を徹底するために必要な条件でもあります。

作業の標準化をしやすくするために，前述のように，高度で複雑な作業を細分化して，単純で容易な作業の体系に転化します。これを作業の**単純化**といいます。そのうえで，それぞれの作業を別々の作業者に割り当てるという分業がなされます。これによって，個々の作業については高度な熟練が不要となり，作業のバラつきも減り，作業者の確保やコストダウンが容易となります。

また，分業による作業の単純化によって作業者から機械への置き換えも容易になります。単純な反復作業ほど，人間よりも機械が得意とする領域であり，しかも機能が限られた単純な機械であればコストも抑えられるので，機械化への移行が容易になるのです。

なお，作業の単純化には限界があります。いくら作業を細分化しても，習熟に時間を要する作業を完全になくすことは極めて困難です。しかし，そうした作業においても，分業によって，担当する作業の範囲を限定し，**専門化**させることで，習熟に要する時間を減らすとともに，集中力を増して技能の水準を高め，作業効率や作業品質を大いに向上することが可能です。

また，人的資源管理の視点からは，あえて作業の細分化を極限まで追求せず，作業者が作業の意味や喜びを感じられるようにし，離職率を低下させたり作業効率を改善したりすることが求められます。ただし，その場合も作業者への依存を高めすぎないように，いったん単純化した作業を複合させることで，まとまりのある作業として感じさせるなどの工夫がなされます。

このように程度の違いはあっても，大量生産では，作業の細分化と分業が行われます。しかし，これらの作業は全体として統合されなければ，目的である大量生産を完結できません。そこで，多くの作業者の作業を効率よく統合することが，次の課題となります。

作業の統合のために考えられたのが，ライン化です。ライン化とは，各作業者を工程の流れに沿って配置し，その流れに従って作業を統合していくものです。ライン化された工程では，ベルトコンベアなどを使い，作業対象を生産ラインに沿って移動させることによって，配置された作業者が無駄に移動することなく，担当する作業を繰り返し続けることができます。

なお，ライン化は，ベルトコンベアなどを使うことで一定の作業ペースを多くの作業者に課すことが可能であり，機能を限定し工程に特化された機械である**専用機**を多く並べて使うときにも都合がよいため，機械化とも相性が良いといえます。そして，ライン化された各作業のペースを一定にすることは，生産効率の向上に直結します。つまり，生産ラインの効率を高めるには，ラインの同期化が必要になるのです。

1.4 　機械化

近代の大量生産システムを決定的に特徴づけるものは機械化です。機械の本格的使用により，高速に大量の同質的な製品を生み出すことが可能になりました。機械は，正確に同じ動作を長時間たゆまず繰り返すことにおいて，人間よりはるかに優れています。

ただし，機械は，人間に比べると柔軟性においてコストがかかります。多様な状況に対応して，いろいろな動きができる機械を作ろうとすれば，多くのセンサー，高度なコンピュータあるいは人工知能，多くの関節やモーターなどを必要とし，現在の技術水準では，相当なコストがかかります。また，複雑になれば，故障が起こりうる箇所も増えてしまいます。

しかし，機械は人間とは違い，設計段階で機能を限定することで安価に作ることができます。つまり，限られた機能しかもたない専用機を生み出すことが可能なのです。さまざまな用途に使える汎用機よりも専用機のほうが，一般的には安価で調整の必要性も減り不具合も少なくなります。そこで，大量生産においては，多くの専用機が用いられます。

こうした機械化を進めるうえで，製品や部品の標準化，作業の細分化と標

準化は，極めて重要な前提となります。また，ライン化がされていれば，ラインに沿って作業者と同様に機械を設置することで，人と機械の協働や人から機械への代替が容易にできます。

　機械化の最大課題は，その投資回収にあります。いくら専用機にすることでコスト削減の努力をしても，大量生産での機械の導入には大きな設備投資を伴います。その投資を回収するには，大量に生産される製品の販売先を確保し，機械の稼働率を上げることが重要となります。

　そのために，新たな用途開発や海外市場の開拓をする，製品の多様化や新製品開発を図る，広告などによって販売を促進する，価格を下げて薄利となっても売れ残りを避ける，などの方策がとられます。このように，大量生産は，**大量販売**を伴わなければ経済的合理性を失うのです。

1.5　同期化

　最後に挙げる大量生産システムの特徴は同期化です。工程における分業とライン化を前提とすると，同期化，すなわち人や機械が分業した各部分工程が同じペースで作業を進めることが大量生産の効率を高めます。同じペースで進めれば，作業対象の滞留や人や機械の待ち時間がなくなり，労働力や機械の高い稼働率が確保できます。

　人々の作業の同期化を図るのに，機械が利用されることもあります。ベルトコンベアがその典型です。ベルトコンベアは，その機械的進行によって作業者に同期化された作業を強制します。もちろん，人間能力の限界があるので，まず限界に達したボトルネックの工程に合わせることになりますが，たとえば，その工程を担当する人を増やすなどの対策で，ボトルネックを解消すれば，全体のペースを高めることもできます。

　さらに，大量生産システムの最後の「工程」は販売です。大量生産と大量販売のペースが揃わなければ大量生産の同期化は貫徹しないのです。したがって，広告や値引きキャンペーンなどの販売促進活動や，新規顧客の開拓などの販路拡大活動も行って，大量販売のペースを保つ努力が払われます。

図表 11 － 2 ▶▶▶大量生産の特徴と関係

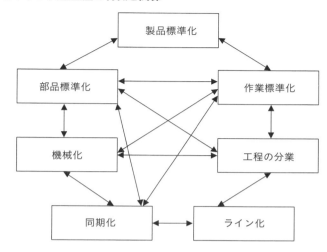

　このように，大量生産には，製品の標準化，部品の標準化，作業の標準化，工程の分業，ライン化，機械化，同期化という重要な特徴がありますが，それぞれは**図表 11 － 2** のように緊密に結びついています。

2　日本型生産システム

2.1　日本型生産システムの意義

　繰り返し述べているように大量生産の成立条件の 1 つは大量販売を伴うことです。現代の物質的にある程度満たされた市場においては，長期にわたり画一的な製品を大量に販売し続けることは大変困難です。そこで，消費財企業の多くが，需要を掘り起こすために製品多様化や新製品開発を図っています。それに伴い生産財企業でも製品多様化や新製品開発が求められています。つまり，これらの企業では，多様な製品や新製品を取り混ぜながら，トータルで大量に効率よく生産することが求められるのです。

　製品の多様化や変化は，本来，大量生産の特徴である高効率のための標準

化や専用化とは矛盾するものです（**図表11－3**）。それを両立するには，工程の**フレキシビリティ**（柔軟性）が求められます。したがって，フレキシビリティをいかに確保するかが，現代の大量生産の中心的な課題です。

　大量生産の矛盾は，製品多様性や製品変化と標準化・専門化との間だけでなく，コストと品質の間にも生まれます。職務の細分化と分業を徹底すれば，製造作業と**品質管理**とは別の職務として別の人々に担われます。その考えに

　大量生産は，20世紀の初頭にアメリカ合衆国において確立しました。とくに画期的だったのが，ヘンリー・フォードによるT型フォードの移動組立法の本格的導入でした。フォードは，それまではお金持ちが買うぜいたく品であった自動車を，一般の人々が生活に使う商品にすべく，シンプルで頑丈でメンテナンスが容易なT型フォード1本に製品を絞り，製品の標準化，部品の標準化を徹底して推し進め，工程においても専用化・単純化・標準化を徹底していきました。

　そして，1914年，組立工程にチェーンコンベアを本格的に導入し，移動組立法による自動車生産を開始しました。工程はコンベアラインによって同期化が図られました。大量生産で安価となったT型フォードは大いに売れ，それがさらなる生産の効率化を高め，大量生産と大量販売との好循環をもたらしました。

　しかし，1920年代半ばになると，市場も成熟しT型フォード離れが進みました。フォードのライバルであるゼネラル・モーターズ（GM）は，部品の共通化や年次モデルチェンジ，市場のセグメント化などの新たな機軸を生み出し，フォードのシェアを奪っていきました。GMの大量生産は，「フレキシブル大量生産」とも呼ばれ，需要を喚起するよう製品多様化や製品変化を取り入れながらも，コストが高くなりすぎないような工夫が盛り込まれていました。やがてGMは，全米一そして世界一の自動車企業になりました。

　アメリカの自動車企業における大量生産は，労働者に極度に細分化された単純反復作業を求めるものでした。企業は，これに高賃金や労働者の既得権益の維持などで報いました。これは妥協的労使関係と呼ばれます。

　このようにアメリカで確立した大量生産は，アメリカ社会の特殊状況を反映したシステムとなっています。そのため，これは原型的大量生産システムと呼ぶべきもので，大量生産の1つのタイプに過ぎないということを理解する必要があります。実際，社会的状況が異なる日本では，大量生産の異なるタイプが生まれました。それが「日本型生産システム」です。

　（参考）藤本隆宏［2001］；鈴木良始［2000］。

図表11-3 ▶▶▶高効率と製品多様化／変化との矛盾

高効率	製品多様化／変化
● 標準化	● 多様化
● 専用化	● 組み換え
● 自動化	● 創造性
● 製品と工程の緊密な結合	● 製品と工程との結合緩和
● 組織における専門化	● 既存枠組みの超越

従って品質管理を個々の製品にまで徹底しようとすれば，多くの品質管理担当者を雇う必要が出てきます。

しかし，全数検査のために多くの担当者を雇うと品質管理コストが膨大になるため，欧米では，抜き取り検査をもとに品質管理をする統計的品質管理（statistical quality control：SQC）が利用されました。これにより品質管理コストを抑えることが可能となりましたが，当然，少ない割合ながらも不良品が発生します。それは経済的には仕方ないこととみなされていたのです。

1970年代になると，アメリカの市場に日本製の自動車や家電製品が大いに輸入されるようになりました。それらは価格が安いのに，品質も高く，なおかつ製品バラエティもあり，新製品も生み出してきます。アメリカの実務家や研究者が日本企業の視察に訪れて発見したことは，日本の大量生産には，従来の大量生産と異なる特徴があることでした（ダートウゾス他［1990］）。

こうして注目を浴びるようになったのが**日本型生産システム**です。その主要な特徴は，**徹底した無駄の排除**と**絶えざる工程改善**，**品質の作り込み**，**従業員能力の徹底利用**です。これらの特徴は，厳しい資源制約のもとで日本企業の経営者と従業員とが一丸となって競争力向上を目指すなかで生み出されたものだといえます。結果として，独特の大量生産のタイプが生まれたのです。このような日本型生産システムは，無駄排除の徹底追求という特徴に注目して「**リーン（lean）生産**」（ウォマック他［1990］）と呼ばれることもあります。以下に，日本型生産システムの技術的特徴および組織的特徴について説明します。

2.2 日本型生産システムの技術的特徴

　日本型生産システムの第1の技術的特徴は，一方で，大量生産の特徴である同期化が徹底的に追求され工程から徹底的に無駄を排除しようとしつつも，他方で，需要確保のための製品多様化や製品変化を取り入れていることです。そのために，さまざまな仕組みが工程に組み入れられています。

　まず，多種の製品について変動する需要の下でも同期化を図るために，原材料供給から製造を経て販売に至るまでのプロセスである**サプライチェーン**の流れを，その最も川下にあたる販売の動きに連動させます。つまり，販売を起点に，川下（後工程）から川上（前工程）へ，必要なものを必要なときに必要な数量だけ流すようにするのです。これをサプライチェーン全体に広げるために，企業内だけでなく，供給業者や販売業者をも巻き込んで実行するのです。これが**ジャスト・イン・タイム（JIT）**と呼ばれる仕組みです。

　JIT を図るためには，何が，どれだけ，いつまでに，どこに必要かを前工程に知らせる手段が必要となります。この情報伝達に使われるのが「かんばん」と呼ばれる循環伝票です。なお，最近では，かんばんの電子化も進んでいます。かんばんを使って JIT を実現する仕組みを**かんばん方式**（**図表11－4**）といいます。

　JIT をうまく機能させる前提条件には，需要分析と販売促進とを組み合わせて生産計画を精確にすること，**生産の平準化**を図ることなどがあります。

　たとえば，A と B という製品があるとき，AAAAAAAAABBBBBB と大きなまとまり（**ロット**と呼びます）で作るのではなく AAABBAAABBAAABB と小さなロットで作ることで，生産の平準化を図ることができます。もし予測に反して A の売れ行きが悪く B の売れ行きが良くなっても，AAAABBBAABBBBBABB のように途中で変更することで需要の変化に即時対応でき A の在庫も少なくできるからです。

　ただし，生産の平準化のために小ロット化を図ると品種切り替えの回数が増えるので，1回当たりの切り替えにかかる時間やコストを徹底的に削減することが条件となります。

図表 11－4 ▶▶▶かんばん方式（模式図）

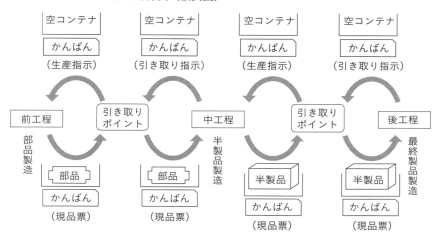

　日本型生産システムの第2の技術的特徴は，絶えざる工程改善です。これは，今ある工程を決して最善のものとはみなさず，常に問題点を見いだしては，不断に改善を図る取り組みです。改善の方向は，生産性向上，原価削減，品質向上，納期短縮，フレキシビリティ向上，環境対策，安全対策など多岐にわたります。後述するように，この改善は作業にあたる従業員も巻き込んで実施されます。

　こうした工程の継続的改善を促進するのが，工程の問題を顕在化する数々の仕組みです。たとえば，**「自働化」**です。これは，工程稼働中に何か不具合や不良が生じると，それを検知して自動的に機械やラインを停止させる仕掛けです。問題の根本原因を明らかにして改善をしなければ何度も停止を招くことになります。こうして，改善を強いることにより工程の完成度を高めます。改善活動は人間によってなされるため，自動化にニンベンが付けられ自働化と表記されるのです。

　自働化のように，問題を顕在化する仕掛けを総称して**「見える化」**といいます。在庫をなくして見通しを良くするJITもまた「見える化」の1つといえます。日本型生産システムの技術的特徴であるJITと継続的改善との間には，このように相互に促進し合う性質があります。

第3の技術的特徴は，品質の作り込みです。品質の作り込みとは，製造してから品質検査を行って品質管理を図るのではなく，設計段階および製造段階の中に品質管理活動を組み入れることです。たとえば，各作業者は，自分の担当する作業を始める前と終えた後に，作業対象である半製品に目立った不良箇所がないか，作業が正しく施されたかをチェックします。問題があれば前工程に知らせたり自分自身の作業をやり直したりと即時に対処します。

　これをすべての作業者が徹底すれば，すべての製品について何度も品質管理の目が届き，問題があっても即時に対処されるので，原因探しの時間も短く済み，不良品を積み上げることも，不良品に無駄になる作業を次々加えることもなくなります。結果的に，少ないコストで個々の製品にまで品質管理を徹底することができます。

2.3　日本型生産システムの組織的特徴

　前節で述べた日本型生産システムの主要な技術的特徴である JIT や継続的改善，品質の作り込みの担い手は，まさに作業に携わる人々です。日本型生産システムの組織的特徴は，作業者に単に作業の遂行を求めるだけでなく，継続的改善や品質の作り込みなどへの参画（コミットメント）を求めることです。つまり，従業員能力の徹底利用です。

　日本型生産システムには，そのための仕組みや仕掛けが多く取り入れられています。たとえば，作業者が複数の仕事に対応できるようにする**多能工化**，作業者に実際に複数の作業を担当させる**多工程持ち**，作業者による品質の作り込みや自主保全，**改善提案**，**小集団活動**，定期的に作業者の職務変更を図る**ジョブローテーション**などの方策によって，作業遂行能力だけでなく問題解決能力まで含んだ，作業者の幅広い能力が徹底的に利用されます。

　従来の大量生産においては，工程改善や品質管理などは，エンジニアや専門職の仕事であって，作業者の仕事としてみなされていませんでした。たとえ，作業の途中で何か問題に気づいても，それに対処するのは自分たちの仕事ではないということで，問題が放置されたり対応が遅れたりするのは黙認

されていました。これに対して，日本型生産システムでは，作業者自身による素早い対応が図られます。

　さらに，ラインの一部を並列にしてバイパス化や競争心を利用して効率を高めるとともに，職務拡大によって従業員の労働意欲を高めたり柔軟な変化への対応能力を活用したりする**セル生産**という方式が日本型生産システムの中に部分的に取り入れられることもあります。セル生産は大量生産と対置されるべき方式ではなく，あくまでも補完的な生産方式です。

　なお，日本型生産システムのこうした組織的特徴を実現可能にする条件として，長期雇用，年功制，企業別労働組合などの制度にもとづく日本社会ならではの労使間の相互依存関係や信頼関係があります。そして，日本型生産システムの組織的特徴は，技術的特徴と合わさって，低コスト，高効率，高品質，短納期の生産と，製品の多様化，頻繁な新製品導入との両立を企業にもたらしてきたのです。

2.4 日本型サプライヤーシステム

　日本型生産システムを支えている全従業員による継続的なコミットメントに類似した関係は，企業間においても見いだされます。たとえば，部品等の売り手企業と買い手企業の間の長期的・継続的な関係です。

　ただし，日本において通常，立場的に弱い**サプライヤー**（部品供給企業）は，顧客である**アッセンブラー**（最終製品組立企業）によって，常に競合企業と能力やパフォーマンスを比べられ，低コスト，高品質，短納期，フレキシブルな対応を要求されてきました。さらに，JITや継続的改善，品質の作り込みなどの実践も促されてきました。日本型生産システムは，サプライヤーや**ディーラー**（販売企業）などのサプライチェーンを共に構成する諸企業の参画や協力がなければ効果をあげることはできないのです。

　以上に述べてきたように，日本型生産システムは大量生産システムとして，欧米のそれとは一部異なる思想や特徴をもっています。ひと言に大量生産といっても，異なるタイプがあり，それゆえ環境の変化にも対応できるのです。

	原型的大量生産システム	日本型生産システム
同期化水準	妥協的	徹底的追求
品質管理水準	妥協的	不良ゼロ追求
フレキシビリティ	相対的に低い	相対的に高い
工程改善	技術者による時折の改善	従業員も参画の継続的改善
工程における分業	細分化，単能工	多能工，多工程持ち
従業員能力の活用	限定的活用	徹底的活用
企業間関係	短期的・限定的	長期的・参画的

図表 11 − 5 では，従来の原型的大量生産と日本型生産システムとの主な相違点を対比的に示しています。

3 日本型生産システムの課題

　日本型生産システムへの世界的注目は，1990 年前半までがピークでした。その後，インターネット時代に入ると日本企業の国際的な存在感は一部企業を除いて次第に薄れていきました。

　また，近年では，グローバルなコスト競争が激しくなり，国内での非正規従業員や外国人従業員の増大，海外への生産シフト，製造アウトソーシングの増加，サプライヤー関係のオープン化，海外サプライヤーの利用などが進み，従業員や取引企業との長期的・継続的関係という日本型生産システムの特徴も変化してきました。さらに，製品側においても，デジタル技術の進展とその適用領域の拡大に伴い，製品アーキテクチャのモジュラー化，オープン化が進み，技術のブラックボックス化が進みました。

　これらの構造的な変化に伴い，日本企業は，生産システムの大きな変容を迫られています。もはや，従業員や取引企業による従来のようなシステム改善への参画は次第に難しくなりつつあります。また，たとえそれが得られたとしても，コスト構造の圧倒的な違いやブラックボックス化した技術のもと

では，国際競争力には結びつかないかもしれません。

　今後は，外国人や海外企業など，多様な従業員や企業との協働のマネジメントについて，また，デジタル技術の下での国際競争力を確保するための戦略やマネジメントについて新たな仕組みを探る必要があるといえます。

　さらに新しい技術動向にも注意が必要です。たとえば，3Dプリンターの普及によって，それを保有する個人ユーザーが，インターネットでも入手できる設計データをもとにさまざまな物を製造できるようになるかもしれません。そうなると，大量生産の領域も狭まるかもしれません。

　また昨今，いわゆる「**IoT**（Internet of Things）」が浸透し，人工物間での自動データ伝送や蓄積された大量データ（ビッグデータ）の分析が容易になると，それを基盤として，製品システムや生産システムの大きな変化が起こるといわれています。センサーや人工知能（AI），拡張現実（AR）などを動員したスマートな自動製造に向けた，現在の産業界の**インダストリー4.0**と呼ばれる動きも，その変化の兆候だといえます。

　これらの新しい技術動向は，大量生産に取って代わる生産システムを生み出すというよりは，むしろ，従来以上に高いフレキシビリティと高い効率を備えた新しい大量生産システムをもたらすものかもしれません。現代の大量生産は，環境保護への一層の配慮など，他にも多くのチャレンジを受けており，今後さらなる変容を遂げていくでしょう。いずれにしても，当面は，大量生産がモノづくりの主役を降りることはないでしょう。

Working　　　　　　　　　　　　　　　　　調 べ て み よ う

　大量生産をしている工場見学の機会を探して，標準化や機械化，同期化がいかに図られているか，観察したり尋ねたりして調べてみましょう。

Discussion　　　　　　　　　　　　　　　　　議 論 し よ う

　3D プリンターの普及や IoT の本格化によって，どのような領域で生産システムが変わるかについて，グループで討議しましょう。

▶▶▶さらに学びたい人のために ────────────

● 宗像正幸・坂本清・貫隆夫編著　[2000]『現代生産システム論―再構築への新展開』ミネルヴァ書房。

● 藤本隆宏　[2001]『生産マネジメント入門Ⅰ』日本経済新聞社。

● 藤本隆宏・西口敏宏・伊藤秀史編　[1998]『リーディングス　サプライヤー・システム―新しい企業間関係を創る』有斐閣。

● クリス・アンダーソン著，関美和訳　[2012]『MAKERS ― 21 世紀の産業革命が始まる』NHK 出版。

● 坂村健　[2016]『IoT とは何か―技術革新から社会革新へ』KADOKAWA。

参 考 文 献

● ウォマック，J.P.・ルース，D.・ジョーンズ，D.T. 著，沢田博訳 [1990]『リーン生産方式が，世界の自動車産業をこう変える。―最強の日本車メーカーを欧米が追い越す日』経済界。

● 鈴木良始 [2000]「第 3 章　アメリカ大量生産システムの成熟と変容」宗像正幸・坂本清・貫隆夫編著『現代生産システム論―再構築への新展開』ミネルヴァ書房。

● ダートウゾス，M.L.・レスター，R.K.・ソロー，R.M. 著，依田直也訳 [1990]『Made in America ―アメリカ再生のための米日欧産業比較』草思社。

_第**12**_章 ソフトウェアの開発

Learning Points

▶企業活動を支えるソフトウェアの特徴や役割を学びます。
▶ソフトウェア開発の特徴について学びます。
▶ソフトウェア開発のプロセスについて学びます。

Key Words

ソフトウェア　ソフトウェア開発　ソフトウェア・ファクトリー
オープンソース化　オフショア開発

1 / ソフトウェアの役割と重要性

1.1 生活を支えるソフトウェア

　本章では，**ソフトウェア**の開発について説明します。これまでの章では，どちらかというと有形の製品を想定した議論がなされてきました。もちろん，無形の製品であるソフトウェアの場合でも当てはまることがほとんどなのですが，ソフトウェア開発に特有の技術経営の課題もあります。そこで，章を改めて，ソフトウェアの開発について論じたいと思います。では，なぜソフトウェア開発に注意を払わなければならないのでしょうか。まずはそこから説明しましょう。

　ソフトウェアとは，コンピュータに仕事をさせるために必要なプログラム，データ，関連するドキュメント等のことです。一方，ソフトウェアによって動かされるコンピュータや周辺機器のような物質で構成された機器類を**ハードウェア**といいます。コンピュータが誕生したときは，ソフトウェアはハー

図表 12 − 1 ▶ ▶ ▶ ソフトウェアが活用される場（例）

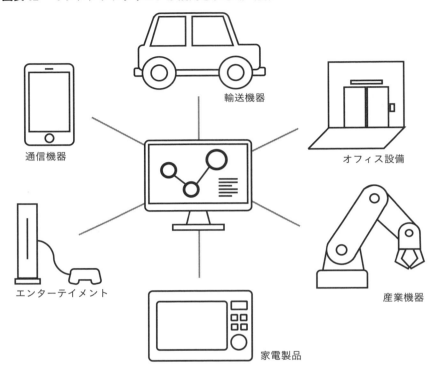

ドウェアの付属物として扱われ，それ自体に対価を支払う対象として認識されていませんでした。しかし，現在ではソフトウェアのハードウェアからの独立性が高まり，ソフトウェアを製作する専門の会社が設立され，独立した商品としてさまざまなソフトウェアが生み出されています。現在，携帯電話やゲーム機器，家電製品，自動車などさまざまな機器にもコンピュータが組み込まれ，ソフトウェアは社会や生活のさまざまな場面で利用されるようになりました（**図表 12 − 1**）。

1.2　企業活動を支えるソフトウェア

ソフトウェアは現代の**企業活動**においてもさまざまな場で利用されていま

す。企業活動として，たとえば，メーカーは，原材料を購入し製品に加工して販売します。商社は，市場の情報を集めたうえで，製品を買い付け，それを必要とする顧客に販売します。

このように企業活動は，情報・モノ・カネ・ヒトなどの経営資源の動きを伴う業務から成り立ちます。これらの経営資源をいかに有効かつ効率的に動かし価値を生み出すかが企業活動の目的となります。そのためには，企業におけるさまざまな業務を価値創造活動の流れに沿って，うまく結合させることが重要となります。そこでは経営資源の中でも，とくに情報が重要になります。

企業活動を構成するさまざまな業務を有効かつ効率的に結びつけるための情報処理には，現代では，コンピュータとソフトウェアが活用されます（**図表12－2**）。コンピュータとソフトウェアによって，多種な業務を統合的に管理し経営活動の全体最適を図る手法・概念のことを**企業資源計画**（enterprise resource planning：**ERP**）と呼びます。また，これを実現するためのソフトウェア（統合基幹業務システム）は，しばしばERPパッケージと呼ばれます。

コンピュータとソフトウェアは，企業活動の統合だけでなく，それを構成する各業務，各職能においても利用されます（**図表12－2**）。たとえば，製品開発の業務をみてみましょう。製品開発は製品設計や工程設計など多くの部門の協力によって進められます。各設計業務においては，コンピュータによる支援がなされています。このシステムを**コンピュータ支援設計**（computer-aided design：**CAD**）と呼びます。

現在では，CADにおいても3次元での表現が一般的になっています。いわゆる3次元CADです。3次元で表現されることで，設計図に慣れていないマーケティング部門の人などもデザインを理解しやすく，異なる専門機能でのコミュニケーションが容易になるといわれます（青島・延岡・竹田[2001]）。

また，CADを使ってデジタル情報として生み出される設計データは，そのままデジタル制御された機械に流し込むことが可能です。このようにデジ

タル設計データの製造での転用のことを**コンピュータ支援製造**（computer-aided manufacturing：**CAM**）と呼びます。CAD と CAM はこのように連結して情報を利用するシステムであるため，CAD/CAM と表現されることもあります。

さらに，3次元の CAD データを利用して同じく3次元での製造性の確認や衝突実験などを行う**コンピュータ支援エンジニアリング**（computer-aided engineering：**CAE**）も利用されています。いわゆるシミュレーションです。これによって，実物試作の前に設計上の問題をスピーディかつ低コストで発見，改善に活かすことができるようになりました。また，とくに最近は，3次元 CAD や CAE に加え，より実物感をもって製品開発を進めるために**バーチャル・リアリティ**（virtual reality：**VR**）の利用も進められています。これらのシステムは，いずれもソフトウェアによって支えられています。

次に生産の業務をみてみます。現代の工場では**数値制御**（numerical control：**NC**）機械と呼ばれるコンピュータ制御による機械が多く使われています。その特徴は精度向上だけではなく，機械のフレキシビリティを格段に高めたことにあります。

とくに，NC 機械同士や自動倉庫を自動搬送装置によって互いに連結し，その全体を1個のシステムとしてコンピュータで制御することで，加工の必要に応じて対象物を適切な機械に運び，多様な製品を効率よく製造する**フレキシブル製造システム**（flexible manufacturing system：**FMS**）は，フレキシビリティと効率をともに高める製造システムとして多くの種類の製品を異なる必要数量に応じて製作する工場などで利用されています。

このようにコンピュータ制御を活用したフレキシブルな自動化は，**ファクトリー・オートメーション**（factory automation：**FA**）と呼ばれ，ソフトウェアがその中核としての役割を果たしています。また，化学コンビナートや発電所のように複数の装置が連結された生産システムにおいても，各装置の制御が人間からソフトウェアに置き換わり自動運転が実現されています。これらの場においては，これまで熟練作業者が判断し操作していた能力の多くがソフトウェアに代替されています。

図表 12－2 ▶▶▶企業を支えるコンピュータとソフトウェアのシステム

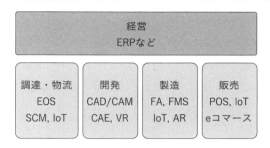

　他方で，コンピュータが作成した情報を現実の視界に付加するなど，**拡張現実**（augmented reality：**AR**）による作業者のサポートも使用されつつあります。

　最後に，顧客やサプライヤーとの間の取引の業務について，コンビニエンスストアを事例に，考えてみます。みなさんがコンビニエンスストアで商品を購入すると，バーコードからの商品情報だけでなく，店員によってレジ端末に入力される顧客カテゴリー情報や，自動的に記録された時間情報が，オンラインでコンビニエンスストア本部に集約されます。また，電子決済の場合にはカードからの情報も同様に集約されていきます。これらは，売り上げの管理だけでなくマーケティング分析にも利用され，新商品開発や品揃え計画に利用されます。

　こうしたシステムを**販売時点情報管理システム**（point of sales system：**POS**）と呼びます。スーパーマーケットに比べると狭いスペースで売上を確保し続けなければならないコンビニエンスストアにとって，品揃えや新商品は店舗の存続のカギとなります。その基盤となっているのは情報であり，それらを集約・分析するのが POS というシステムです。その POS の中核を担っているのは，商品／顧客情報を処理するソフトウェアです。

　また，インターネット販売のような**電子商取引**（**e コマース**）においても，顧客の注文から決済，商品の配送，顧客の好みを予測した商品情報の提供に至るまですべてがソフトウェアにより支えられています。ネットワーク化されたコンピュータとそれを動かすソフトウェアは，消費者との取引関係だけ

でなく，企業と企業との間の取引にも利用されています。電子発注システム（electronic ordering system：EOS）はその例です。

　さらに，供給業者も巻き込んで，原材料調達から最終製品販売に至るまでの社内外の供給管理を最適化しようとする手法は，**サプライチェーン・マネジメント**（supply-chain management：**SCM**）と呼ばれ，ここでもソフトウェアが不可欠です。

2　ソフトウェア開発の特徴

　前節でソフトウェアが現代の生活や企業活動を支える重要な存在であることは理解したと思います。では，なぜソフトウェアの開発を理解する必要があるのでしょうか。それには，ソフトウェア開発ならではの特徴が関わっています。ソフトウェアは，物質ではなく記号，すなわちプログラミング言語で構成されるものなので，その開発には，ハードウェアのそれとは少し違いがあるのです。

2.1　ソフトウェアの構造

　まず，ソフトウェアとはどのような構造になっているのかについて，コンピュータや周辺装置といったハードウェアとの関係から説明します。

　コンピュータが生まれたとき，ソフトウェアはハードウェアに合わせて作成され，ハードウェアが変わるたびに新しく作り直す必要がありました。その後，ハードウニアの機能を生かして，プログラムの実行，データ管理上のインターフェースを取り扱う**オペレーティング・システム**（operating system：**OS**）と呼ばれるソフトウェアが誕生し，実用上の情報処理を行う**アプリケーション・ソフトウェア**（以下，アプリケーションと略します）は，OS を基盤とすることで，異なるハードウェア上でも動作できるようになりました。

　現在，広く利用されている OS の例として，マイクロソフトの Windows

図表 12 − 3 ▶ ▶ ▶ソフトウェアの構造

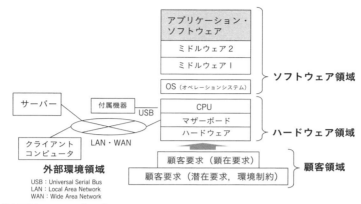

出所：経営支援情報センター［2008］をもとに筆者作成。

やアップルの Mac OS，サーバー向けの Linux や UNIX などがあります。

　また OS とアプリケーションの中間に，**ミドルウェア**と呼ばれるソフトウェアが存在します。ミドルウェアは，OS は提供しないが，さまざまなアプリケーションが共通して要求する特定の機能を提供します。ミドルウェアの提供する機能の例には，データベース管理機能や通信管理機能などがあり，これらを利用することでアプリケーションの開発効率向上に寄与します。

　こうしたソフトウェアの**階層化**と**モジュール化**によって，多数の企業や技術人材によるソフトウェア開発の分業が可能となり，開発が促進されました（**図表 12 − 3**）。

2.2　ソフトウェア開発の進化と特徴

　ソフトウェアの開発プロセスは，物質で構成されるハードウェアの開発とは異なり，プログラミング言語を論理的に組み合わせる作業からなります。両者は，多くの企業や人々の分業と協働からなるという点は共通していますが，他方で相違点もあり，ソフトウェア特有の性格もあります。ここでは，その特徴についてソフトウェア開発の進化を交えて説明します。

初期のコンピュータのソフトウェアは，作成者による個性的な記述が行われ，他者にとっては解読が難しい点があり，ソフトウェアの連結には困難が伴いました。アプリケーション開発についても，プログラミングのみならず顧客業務にも精通した技術者によって開発されることが一般的でした。

　しかし，コンピュータの利用機会の拡大やそれに伴うソフトウェア開発の需要が急激に増加すると，ソフトウェア開発のコストや時間が増大し，1960年代には**ソフトウェア危機**と呼ばれる状況を招きました。こうして，ソフトウェア開発の効率を高めること，動作安定性を確保することの要求が高まりました。

　1970年代に入ると，この危機的状況を脱するために，ソフトウェアのモジュール化が進められ，日本企業を中心に**ソフトウェア・ファクトリー**と呼ばれるソフトウェア開発が行われるようになりました（クスマノ［1993]）。これは，ソフトウェア開発の手順，技法，ツールを標準化して，それらを蓄積，再利用することで，品質確保と効率化を組織的に実現しようとするものです。また，ハードウェア製造における部品標準化，部品共通化に通じる方法であり，そこからファクトリー方式と呼ばれるようになりました。

　ファクトリー方式をとることで，経験や専門知識に乏しい人材でも開発に寄与することが可能となりました。ソフトウェア・ファクトリーは，ソフトウェア開発における天才プログラマーへの依存をなくし，組織の仕組みで高品質で効率的なソフトウェアの開発ができるようにした開発方法なのです。

　さらに，1990年代以降は，この傾向がさらに発展して，一部のモジュール開発のアウトソーシング化なども一般的になっていきました。こうした動きを**オブジェクト指向開発のオープン化**と呼びます。これは，ソフトウェアを組み合わせ容易なモジュールに分割し，組織をまたぐ広い領域でソフトウェアの共有化を実施し，設計や修正の効率性を高めるものです。このように，ソフトウェア開発の歴史は，小さな命令の積み上げから，大きな機能モジュールの組み合わせへの移行の歴史だったといえます。

　ソフトウェアのモジュール化と標準化は，ソフトウェアの**オープンソース化**という新たな流れも生み出しました。オープンソース化とは，作成したソ

図表 12 － 4 ▶ ▶ ▶ ソフトウェアのモジュール化とオフショア開発

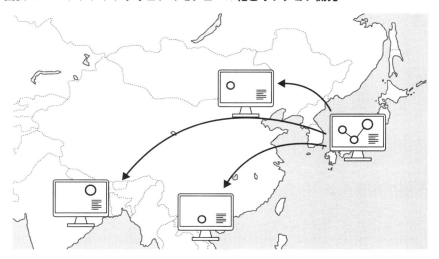

フトウェアを，インターネットなどを通じて公開し，誰でも無償で自由に
扱ってもよいとする考え方です。オープンソース・ソフトウェアの例として
は，有名なものとして Linux があります。オープンソース・ソフトウェア
については，コンソーシアムと呼ばれる開発者のコミュニティが形成され，
グローバル規模で多くの開発者が参加してソフトウェアの開発が行われます。

　このようにソフトウェアの開発では，ハードウェアの開発よりもモジュー
ル化が組織や国の境界を越えて進み，場合によっては無償で提供がなされて
います。それらには一定の規格があり，それを受け入れることで，こうした
モジュール化の便益を享受することが可能となります。

　また，ハードウェアの開発と同様，多くの企業や人々の間で分業がなされ
ますが，開発対象がプログラミング言語からなるものなので，距離的な制約
が少なく，地域や国をまたいだ分業が容易で，一部のソフトウェア開発を海
外に委託する**オフショア開発**と呼ばれる開発スタイルも増えています（**図表
12 － 4**）。

3 / ソフトウェア開発のプロセス

3.1 ソフトウェア開発の段階

　ソフトウェアの開発は，要件定義，外部設計，内部設計，プログラミング，テストというプロセスで段階的に進められます。各段階の作業や成果物は，以下のようになっています。

3.1.1 要件定義

　開発で求められる要求を細かく定義するプロセスで，顧客の要求を詳細に分析して，その内容を明らかにします。顧客が要求する機能を聞き出すだけでなく，隠れた要求機能や環境制約を発掘することも重要です。

　たとえば，会計処理を行うソフトウェアならば，利用される国で適用される，会計法規を考慮しなければなりません。自動車や家電製品を制御するソフトウェアならば，異常が生じたときは安全に停止する機能が必須です。顧客が気づいていないことや，当たり前の前提となっていることもすべて顕在化させて，要求仕様書や定義書を作り上げます。

3.1.2 外部設計

　外部設計とは，システムに関する設計知識を用いて，ソフトウェア要求仕様書からソフトウェアの設計書を作成することです。ここで「外部」とは，開発するソフトウェアの利用者やソフトウェアと連結する他のシステムを指し，どのような情報を入力してどのような情報を出力するかなどの要求に対する機能を設計します。ユーザー・インターフェースや他システムとのデータ入出力の詳細仕様などを記述し，外部設計書や機能設計書を作り上げます。

3.1.3 内部設計

　内部設計とは，外部設計で設計した機能を，具体的にどのように実現する

かを設計する段階です。たとえば，情報の入力はどこから行い，情報をどのように加工し，表示装置にはどのような情報を出力するかといった，プログラム設計を担う人々が必要とする具体的仕様を設計し，内部設計書で文書化されます。

3.1.4 プログラミング

プログラミングとは，内部設計を受けて，ソフトウェアとして機能するためのプログラムの構造を設計し，プログラミング言語を用いて，コンピュータへの命令を記述する作業で，コーディングとも呼ばれます。コーディングは分割したモジュールごとに行われ，このプログラムはソースコードと呼ばれます。

3.1.5 テスト

テストは，作成したプログラムの機能を検証し，ソフトウェアの品質を確保する工程です。分割して作られたプログラムを個別に検証するプログラムテスト（単体テストとも呼ばれます），各プログラムを結合させて個別機能レベルのテストを行う結合テスト，システム全体で検証する総合テスト，顧客の利用環境を考慮してさまざまな条件のもとで網羅的に行う受入テストがあります。

3.2 ソフトウェア開発の V モデル

ソフトウェアの開発プロセスには複数ありますが，本書ではその中の1つである **V モデル**と呼ばれるものを説明します。V モデルの概念図は，**図表12－5**のように示されます。

この概念図の左側は，プログラムを設計する流れを示し，最下点の製造（プログラミング）で折り返し，右側は製造されたプログラムをテストする流れとなっています。左側が「品質を作り込む段階」，右側が「品質を検証する段階」となっていて，左右のプロセスは相互に対応づけることができます。

図表 12 - 5 ▶▶▶ソフトウェア開発の V モデル

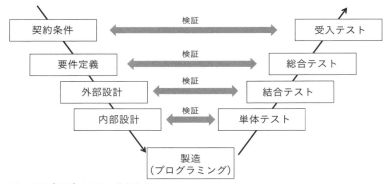

出所：大森・西原［2012］をもとに筆者作成。

　これに従ってソフトウェアを開発したとき，要件定義や外部設計などの上流工程でミスがあったとしても，それを開発プロセスの終盤である結合テストや総合テストまで発見できないリスクがあります。このようなリスクを低減するため，まずはプロトタイプと呼ばれる試作品を作り，早めに顧客によるテストなどのフィードバックを得て，それを反映したうえで最終的な製品に近づけていく方法がとられることもあります。

　近年のソフトウェア開発の方向性の1つに，前述したように海外の企業や技術人材にソフトウェア開発業務の一部を委託するオフショア開発の進展があります。Vモデルの最下部にあたるプログラミングや，内部設計と対応するプログラムの単体テストが，オフショア開発の主な対象となりますが，近年，海外の委託先の開発能力向上によって，Vモデルの外部設計や結合テストなど上部のプロセスに委託領域が拡大しつつあります。

　ただ，国境を越えた開発委託は決して容易なことではなく，言葉の壁による意思疎通上の障害や，委託先企業の従業員が転職してしまうことによって効率が下がるなどの問題も伴います。また，顧客と開発者の社会や文化の違いに起因する誤解が生じることもあります。

　しかし，委託先と継続的な取引をすることによって，お互いの理解が向上することもありますし，さらに，海外委託先との技術交流会によって，組織

的な学習や技術蓄積を進めている企業もあります。

4 ソフトウェア開発の課題

4.1 ソフトウェア技術進化の展望

最後に，近年のソフトウェア関連技術の進化が，ソフトウェア開発に与える影響について触れておきます。現代の注目すべき技術進化の1つに，**人工知能**（artificial intelligence：**AI**）の発展と普及があります。今では機械診断システムや家電製品などさまざまな領域で AI が活用されています。

AI は，大量に蓄積されたデータからルールにもとづいて適切な解を導く推論能力と，推論結果の実践でのフィードバック情報を用いて推論ルール自体を修正する学習能力を備えています。AI の中核もソフトウェアであり，その活用領域の拡大に伴い，その影響の1つは，それを構成するソフトウェアの開発の需要が増すことであり，さらにもう1つの影響として，ソフトウェア開発プロセス自体に，AI の活用が浸透していくことがあります。

また，近年におけるセンサーなどの電子部品の高性能化・小型化，データ通信の高速化・大容量化，そしてこれらの低価格化は，**IoT**（internet of things）と呼ばれるネットワークの形成を促進しています。

IoT の進展で，センサーなどを装備された機械が互いにネットワークで連結されることにより，そのシステム自体が自動的にデータを収集し，継続的に集められた大量のデータ（ビッグデータ）を蓄積・分析することで，製品の開発・製造・販売に役立つ情報を継続的に生み出しています。また，前述の AI を組み合わせることで，情報の解釈やそれにもとづいたアクションも自動化しつつあります。

モノのネットワークという意味の IoT ですが，実際には機械同士のネットワーク（machine to machine：M2M）だけではなく，**ウェアラブル・コンピュータ**（wearable computer）を介して人間の身体の状態を自動計測し

たりその結果にもとづいて行動を補助したりするシステムも実用化されてき
ています。

前章で述べたように，工場においても，IoT は浸透しつつあり，それを利
用してスマートな自動化製造を実現しようとする，**インダストリー 4.0** と
呼ばれる動きも現在注目を集めています。さらに，輸送機器（たとえば，航
空機や自動車）の自動運転や各種装置の自動監視システムも IoT の展開の
実例だといえます。

こうした IoT の浸透と，それによって生み出されるビッグデータとその
活用は，ソフトウェア産業において新たなビジネス機会を創出しています。
たとえば，ウェアラブル・コンピュータから集められる人間の身体状況デー
タは，健康管理や医療への活用が可能です。各地を走行する自動車に埋め込
まれたセンサーが発信する情報は，自動車という機械システムの監視や制御
に使われるのみならず，各地におけるリアルタイムの渋滞状況や気象状況の
把握に活用できます。

AI や IoT を支えるデータの処理やその活用を実行するのはソフトウェア
であり，データの用途開発を含んだソフトウェア開発が新たなビジネス機会
となっているといえます。

4.2 ソフトウェア産業の展望

ソフトウェア関連技術の進化によって，ソフトウェアの開発プロセスだけ
ではなくソフトウェア産業そのものにも変化が生じています。前述のように，
メインフレームと呼ばれる大型コンピュータが中心だった時代には，ソフト
ウェアは顧客の要求に応じて個別開発されていました。その後，ソフトウェ
アの階層化，モジュール化によって，ソフトウェア開発の工業化やオープン
化が進みました。

現在，ネットワーク技術の進化は大量データの高速転送を実現したことで，
ソフトウェア産業に新たな変化を与えています。その 1 つが，**クラウド・コ
ンピューティング・サービス**です。

略称	サービスの内容
SaaS	アプリケーション（ソフトウェア）をサービスとして提供する
PaaS	アプリケーションを稼働させるための基盤（プラットフォーム）をサービスとして提供する
IaaS	サーバ，CPU，ストレージなどのインフラをサービスとして提供する

出所：総務省［2010］をもとに筆者作成。

　クラウド・コンピューティング・サービスとは，ネットワークを介してサーバーや記憶装置などのハードウェア，OSやアプリケーションなどのソフトウェアをサービスとして提供するビジネスモデルです。これらは，SaaS（software as a service），PaaS（platform as a service），IaaS（infrastructure as a service）の３つに区分されます（**図表 12 − 6**）。

　SaaSでは，顧客はサーバーやOS，アプリケーションなどの資産を自ら保有しないで，ネットワークを介してサービスを利用します。PaaSではアプリケーションの基盤となるソフトウェアが，IaaSではサーバーなどのハードウェアからなるインフラストラクチャが，サービス製品として提供されます。開発したソフトウェアそのものを販売するのではなく，サービスとして販売する点が，従来との大きな違いになります。

　こうすることで，顧客は，保有するハードウェアの容量，処理能力やメンテナンスを考慮することなく本業に資源集中できますし，PaaSでは，カスタマイズしたアプリケーションをユーザー自身が開発することを容易にします。他方で，ソフトウェア開発側にとっても，個別顧客の特殊な要求にあまり振り回されることなく，開発効率や事業効率を高めることが可能となります。

　最後に，最近，サイバーテロなど悪意をもったシステムへの侵入や情報漏えいという問題がしばしば起きています。したがって，セキュリティを高めるためのソフトウェア開発も重要な課題の１つです。

1. あなたの身の回りで使われているソフトウェアをみつけましょう。そのソフトウェアは，何に使われ，どのように役立っていますか？

2. スマートフォンのアプリケーションには，ユーザーが開発したものもあります。こうした開発を可能にする仕組みはどのようなものか調べてみましょう。また，それがどのようなビジネスになっているのかも調べてみましょう。誰と誰がそれぞれどのように稼いでいるのでしょうか？

1. IoT によって，家電やウェアラブル・コンピュータからデータが集められて分析されます。それを使って，どのようなビジネスが考えられるか議論しましょう。

2. AI によって人間の思考作業が代替されるようになると，人間はどのような問題に直面することになりそうですか？　グループで議論してください。

▶▶▶さらに学びたい人のために ─────────────────────────

● 小泉寿男・辻秀一・吉田幸二・中島毅［2015］『ソフトウェア開発（改訂2版）』
　オーム社。

● 坂村健［2016］『IoTとは何か─技術革新から社会革新へ』KADOKAWA。

───

参 考 文 献

● 青島矢一・延岡健太郎・竹田陽子［2001］「第4章　新製品開発プロセスにおける3次元
　CADの導入と組織プロセス」尾高煌之助・都留康編『デジタル化時代の組織革新─企業・
　職場の変容を検証する』有斐閣。

● 宇治則孝監修，大森久美子・西原琢夫［2012］『ずっと受けたかったソフトウェアエンジ
　ニアリングの新人研修　開発現場編』翔泳社。

● 岸知二・野田夏子［2016］『ソフトウェア工学』近代科学社。

● 黒川利明［2014］『クラウド技術とクラウドインフラ─黎明期から今後の発展へ』共立出版。

● 経営支援情報センター［2008］「平成19年度　ナレッジリサーチ事業　中小受託ソフトウェ
　ア企業の今後の展開─顧客の動向と組み込みソフトウェアの市場性」中小企業基盤整備機
　構。

● 小泉寿男・辻秀一・吉田幸二・中島毅［2015］『ソフトウェア開発（改訂2版）』オーム社。

● 総務省［2010］「スマート・クラウド研究会報告書─スマート・クラウド戦略」。

● 谷口功［2011］『図解入門　よくわかる最新ソフトウェア開発の基本─ソフトウェアエン
　ジニアリングの基礎：開発技術と最新技法』秀和システム。

● 鞆大輔［2011］『文系学生のためのコンピュータ概論』共立出版。

● 松尾豊［2015］『人工知能は人間を超えるか─ディープラーニングの先にあるもの』
　KADOKAWA。

● クスマノ，M. A. 著，富沢宏之・藤井留美訳［1993］『日本のソフトウェア戦略─アメリカ
　式経営への挑戦』三田出版会。

索引

英数

1 次データ ································131
2 次データ ································131
4P ··50
5 つの競争圧力 ·······················46
AI ·······································197
AR ······································189
A-U モデル ····························101
BOP ······································17
B to B ·····························54, 129
B to C ·································129
CAD ····································187
CAE ····································188
CAM ····································188
CTO ····································119
e コマース ····························189
ERP ····································187
FA ······································188
FMS ····································188
IaaS ····································199
IoT ·······························183, 197
JIS（日本工業規格）···················85
make-or-buy ·························159
NC ······································188
NCD モデル ···························118
NIH 症候群 ···························162
OS ······································190
PaaS ····································199
POS ····································189
PPM ······································72
SaaS ····································199
SCM ····································190
SNS ····································134
SOP ····································171

VOC ····································113
VR ······································188
V モデル ·························195, 196

あ

アウトソーシング ···············56, 156
アッセンブラー ······················181
アプリケーション・ソフトウェア ·······190
アライアンス（提携）···············156
意匠 ································80, 81
イノベーション ·············23, 95-97
イノベーションの普及パターン ·······103
イノベーター ························104
意味的価値 ····················136, 137
インストールド・ベース ···············87
インダストリー 4.0 ············183, 198
インテグラル型 ······················149
ウェアラブル・コンピュータ ···········197
営業秘密 ··························80, 81
エコシステム ··················165-167
エスノグラフィック・リサーチ ·········132
オープン・イノベーション ········39, 162
オープン戦略 ····················88-91
オープンソース化 ····················192
オブジェクト指向 ····················192
オフショア開発 ······················193
オペレーティング・システム ···········190

か

改善提案 ····························180
開発の効率化 ························151
開発リードタイム ····················147

革新性⋯⋯⋯⋯⋯⋯⋯⋯⋯⋯104
拡張現実⋯⋯⋯⋯⋯⋯⋯⋯⋯189
価値獲得⋯⋯⋯⋯⋯⋯⋯⋯⋯89
価値相関図⋯⋯⋯⋯⋯⋯88, 89
価値創造⋯⋯⋯⋯⋯⋯⋯⋯⋯89
価値共創⋯⋯⋯⋯⋯⋯⋯⋯137
間接ネットワーク効果⋯⋯⋯85
かんばん方式⋯⋯⋯⋯178, 179
関連多角化企業⋯⋯⋯⋯⋯69
機械化⋯⋯⋯⋯⋯⋯⋯173, 174
規格内競争⋯⋯⋯⋯⋯⋯⋯91
企業家⋯⋯⋯⋯⋯⋯⋯⋯⋯108
企業資源計画⋯⋯⋯⋯⋯⋯187
企業戦略⋯⋯⋯⋯⋯⋯⋯⋯37
企業秘密⋯⋯⋯⋯⋯⋯⋯⋯82
技術⋯⋯⋯⋯⋯⋯⋯⋯⋯⋯29
技術志向⋯⋯⋯⋯⋯⋯125, 126
技術の空洞化⋯⋯⋯⋯⋯⋯160
技術レベルのプラットフォーム⋯163
技術ロードマップ⋯⋯⋯121, 122
希少資源⋯⋯⋯⋯⋯⋯⋯⋯73
技能⋯⋯⋯⋯⋯⋯⋯⋯⋯⋯30
機能重視のプロジェクト組織
⋯⋯⋯⋯⋯⋯143, 146, 148, 150
機能設計⋯⋯⋯⋯⋯⋯⋯⋯114
機能的価値⋯⋯⋯⋯⋯⋯⋯135
機能別組織⋯⋯⋯142, 146, 148, 150
規模の経済⋯⋯⋯⋯⋯⋯⋯51
客体的技術⋯⋯⋯⋯⋯⋯⋯30
キャズム⋯⋯⋯⋯⋯⋯⋯⋯105
客観的技術⋯⋯⋯⋯⋯⋯⋯30
業界標準⋯⋯⋯⋯⋯⋯⋯80, 84
競合他社志向⋯⋯⋯⋯125, 126
競争均衡⋯⋯⋯⋯⋯⋯⋯⋯46
競争（事業）戦略⋯⋯⋯⋯37
競争戦略の 4C⋯⋯⋯⋯⋯37
競争地位⋯⋯⋯⋯⋯⋯⋯56-58
競争優位⋯⋯⋯⋯⋯37, 45, 49
競争劣位⋯⋯⋯⋯⋯⋯⋯⋯46
業務提携⋯⋯⋯⋯⋯⋯⋯⋯161

クラウド・コンピューティング・
　サービス⋯⋯⋯⋯⋯⋯⋯198
クリティカル・マス⋯⋯⋯⋯87
クローズド・イノベーション⋯162
クローズド戦略⋯⋯⋯⋯88-91
クロス・ライセンス⋯⋯⋯⋯83
経営⋯⋯⋯⋯⋯⋯⋯⋯⋯⋯32
経営環境⋯⋯⋯⋯⋯⋯⋯⋯35
経営資源⋯⋯⋯⋯⋯⋯⋯35, 48
経営戦略⋯⋯⋯⋯⋯⋯⋯21, 37
経験からの学習⋯⋯⋯⋯⋯40
経験曲線効果⋯⋯⋯⋯⋯52, 74
軽量級プロジェクト・マネジャー⋯144
原型的大量生産⋯⋯⋯⋯⋯182
顕在ニーズ⋯⋯⋯⋯⋯⋯⋯126
コア技術⋯⋯⋯⋯⋯22, 40, 61
コア技術形成能力⋯⋯⋯⋯63
コア技術戦略⋯⋯⋯⋯⋯⋯62
工学知識⋯⋯⋯⋯⋯⋯⋯⋯30
後期多数派⋯⋯⋯⋯⋯⋯⋯104
構造設計⋯⋯⋯⋯⋯⋯⋯⋯114
工程イノベーション⋯⋯⋯102
工程技術⋯⋯⋯⋯⋯⋯⋯⋯31
工程設計⋯⋯⋯⋯⋯⋯⋯⋯114
後発者の優位⋯⋯⋯⋯⋯73, 76
効率⋯⋯⋯⋯⋯⋯⋯⋯⋯⋯33
互換部品⋯⋯⋯⋯⋯⋯⋯⋯171
顧客価値⋯⋯⋯⋯⋯⋯⋯⋯41
顧客志向⋯⋯⋯⋯⋯⋯125, 126
顧客の声⋯⋯⋯⋯⋯⋯⋯⋯113
顧客満足創出プロセス⋯⋯128
国際標準化機構（ISO）⋯⋯⋯84
コスト・リーダーシップ戦略⋯51
コモディティ・トラップ⋯⋯136
コンカレント・エンジニアリング
⋯⋯⋯⋯⋯⋯⋯⋯⋯151, 152
コンピュータ支援エンジニアリング⋯188
コンピュータ支援製造⋯⋯188
コンピュータ支援設計⋯⋯187
コンフリクト⋯⋯⋯⋯⋯⋯34

さ

最高技術責任者·····119
採用者カテゴリ·····104
サプライチェーン·····55, 178
サプライチェーン・マネジメント·····190
サプライヤー·····181
差別化戦略·····50
産業レベルのプラットフォーム·····164
サンクコスト·····75
残存者利益·····68
資源能力アプローチ·····46
自社規格·····87
市場機会の分析·····113
持続的イノベーション·····98, 100
持続的競争優位·····37, 49
実用新案·····80, 81
自働化·····179
シナジー（相乗）効果·····69
資本提携·····161
ジャスト・イン・タイム（JIT）·····178
習熟率·····52
集中化·····58
重量級プロジェクト・マネジャー
·····144, 145
ジョイント・ベンチャー·····161
小集団活動·····180
商標·····80, 81
情報的経営資源·····36
情報流出·····160
小ロット化·····178
初期採用者·····104
初期多数派·····104
ジョブローテーション·····180
人工知能·····197
衰退期·····67
垂直統合·····157
垂直分業·····157
スイッチングコスト·····74

水平統合·····157
水平分業·····157
数値制御·····188
ステージ・ゲート·····115, 116
ストレート・ライセンス·····83
生産関数·····105
生産財の意味的価値·····138
生産の平準化·····178
成熟期·····66
製造物責任法（PL法）·····79
成長期·····66
制度·····79
製品アーキテクチャ
·····148-150, 158, 159
製品イノベーション·····101
製品開発プロセス·····112, 113
製品技術·····31
製品コンセプト·····113
製品設計·····113
製品認知·····67
製品ポートフォリオ・マネジメント
（PPM）·····70, 72
製品ライフサイクル·····65-67
製品レベルのプラットフォーム·····164
セル生産·····181
先行技術開発·····113
潜在ニーズ·····126
漸進的イノベーション·····97
先発者の優位·····49, 73, 74, 76, 108
専門化·····172
専用機·····173
戦略的提携·····161
組織·····33
組織間関係·····155
組織構造·····142, 145, 146
組織能力·····48
組織ルーティン·····48
即興·····119
ソフトウェア·····32, 185, 190, 191
ソフトウェア開発·····194-196

ソフトウェア危機⋯⋯⋯⋯⋯⋯⋯⋯192
ソフトウェア・ファクトリー⋯⋯⋯⋯⋯192

た

大量生産⋯⋯⋯⋯⋯⋯⋯⋯⋯⋯⋯169
大量生産の成り立ち⋯⋯⋯⋯⋯⋯176
大量販売⋯⋯⋯⋯⋯⋯⋯⋯⋯⋯⋯174
多角化⋯⋯⋯⋯⋯⋯⋯⋯⋯⋯⋯⋯68
多工程持ち⋯⋯⋯⋯⋯⋯⋯⋯⋯⋯180
ただ乗り効果⋯⋯⋯⋯⋯⋯⋯⋯⋯75
脱成熟化⋯⋯⋯⋯⋯⋯⋯⋯⋯⋯⋯68
多能工化⋯⋯⋯⋯⋯⋯⋯⋯⋯⋯⋯180
単純化⋯⋯⋯⋯⋯⋯⋯⋯⋯⋯⋯⋯172
チーフ・エンジニア⋯⋯⋯⋯⋯⋯145
知的財産⋯⋯⋯⋯⋯⋯⋯⋯39, 79, 80
チャレンジャー⋯⋯⋯⋯⋯⋯⋯⋯57
直接ネットワーク効果⋯⋯⋯⋯⋯85
著作権⋯⋯⋯⋯⋯⋯⋯⋯⋯⋯80, 81
ディーラー⋯⋯⋯⋯⋯⋯⋯⋯⋯181
定性調査⋯⋯⋯⋯⋯⋯⋯⋯⋯⋯132
定量調査⋯⋯⋯⋯⋯⋯⋯⋯⋯⋯132
デジュール・スタンダード⋯⋯⋯84
撤退⋯⋯⋯⋯⋯⋯⋯⋯⋯⋯⋯⋯⋯68
デファクト・スタンダード⋯⋯⋯85
電子商取引⋯⋯⋯⋯⋯⋯⋯⋯⋯189
同期化⋯⋯⋯⋯⋯⋯⋯⋯⋯174, 175
導入期⋯⋯⋯⋯⋯⋯⋯⋯⋯⋯⋯65
特許⋯⋯⋯⋯⋯⋯⋯⋯⋯74, 80, 81
特許出願⋯⋯⋯⋯⋯⋯⋯⋯⋯⋯82
ドミナント・デザイン⋯⋯⋯⋯102

な

ニッチャー⋯⋯⋯⋯⋯⋯⋯⋯⋯57
日本型サプライヤーシステム⋯⋯181
日本型生産システム⋯⋯⋯177-182
日本工業標準調査会（JISC）⋯⋯85

ネットワーク外部性⋯⋯⋯85, 165, 166
能力破壊型イノベーション⋯⋯⋯97
能力発展型イノベーション⋯⋯⋯98

は

バーチャル・リアリティ⋯⋯⋯⋯188
ハードウェア⋯⋯⋯⋯⋯⋯⋯32, 185
破壊的イノベーション⋯⋯⋯98-100
抜本的イノベーション⋯⋯⋯⋯97
パテントプール⋯⋯⋯⋯⋯⋯83, 84
バリュー・チェーン⋯⋯⋯⋯⋯53
範囲の経済⋯⋯⋯⋯⋯⋯⋯⋯⋯62
販売時点情報管理システム⋯⋯189
汎用基盤技術⋯⋯⋯⋯⋯⋯⋯⋯107
非関連多角化企業⋯⋯⋯⋯⋯⋯69
ビジネス・システム⋯⋯⋯⋯⋯53
ビッグデータ⋯⋯⋯⋯⋯⋯⋯⋯197
標準化⋯⋯⋯⋯⋯⋯⋯⋯170, 171
標準作業手順書⋯⋯⋯⋯⋯⋯⋯171
品質管理⋯⋯⋯⋯⋯⋯⋯⋯⋯⋯176
品質機能展開⋯⋯⋯⋯⋯⋯⋯⋯114
ファクトリー・オートメーション⋯⋯188
ファジー・フロントエンド⋯⋯⋯117
フォロワー⋯⋯⋯⋯⋯⋯⋯⋯⋯57
普及曲線⋯⋯⋯⋯⋯⋯⋯⋯103, 104
プライベート・ブランド（PB）⋯⋯20
プラットフォーム⋯⋯⋯⋯⋯⋯163
プラットフォーム・リーダー⋯⋯165
ブランド選好⋯⋯⋯⋯⋯⋯⋯⋯67
ブランドロイヤリティ⋯⋯⋯⋯68
フレキシビリティ⋯⋯⋯⋯⋯⋯176
フレキシブル製造システム⋯⋯⋯188
プロジェクト⋯⋯⋯⋯⋯⋯⋯⋯142
プロジェクト組織⋯⋯⋯⋯⋯⋯142
プロジェクト・ポートフォリオ⋯120, 121
プロジェクト・マネジャー⋯⋯⋯143
プロダクト・マネジャー⋯⋯⋯143
フロントローディング⋯⋯⋯⋯153

補完企業……………………………………162
補完財……………………………85
ポジショニング・アプローチ……………46

ま

マーケット・イン……………………………40
マーケティング…………………………129
マーケティング・ミックス……………50, 114
マーケティング・リサーチ………………130
マルチプロジェクト戦略…………………122
見える化………………………………179
ミドルウェア……………………………191
未利用資源………………………………69
モジュール化…………………………191, 192
モジュラー型……………………………149
模倣困難性………………………………49

や

有効性……………………………………33

ら

ライセンス………………………………83
ラガード…………………………………104
リーダー…………………………………56
リードユーザー…………………………133
リーン（lean）生産……………………177
リスク……………………………………69
リスクの分散……………………………62
リソース・ベースド・ビュー……………48
連携重視のプロジェクト組織
………………………………143, 147, 148, 150

▶編著者・執筆者紹介 ─────────────────────────────

原 拓志（はら　たくじ）　　　　　　　　　　　　　　　編集・第 1, 2, 11, 12 章

関西大学商学部教授，神戸大学名誉教授，Ph. D.

1985 年　神戸大学経営学部卒業

1985 年　東洋紡績株式会社入社（～ 1990 年）

1993 年　神戸大学大学院経営学研究科博士課程前期課程修了

1993 年　神戸大学経営学部助手，同助教授，同大学大学院経営学研究科助教
　　　　授，同教授を経て，2020 年より現職。

2001 年　エディンバラ大学（UK）にて Ph. D. 取得

主著：*Innovation in the Pharmaceutical Industry: The Process of Drug Dis-*
　　　covery and Development, Edward Elgar, 2003;「安全と製品開発に関す
　　　る試論」（『国民経済雑誌』第 214 巻第 1 号，2016 年）など。

山﨑 喜代宏（やまざき　きよひろ）　　　　　　　　　　　　　　第 3, 4 章

明治大学商学部准教授，博士（経営学）

2004 年　東北大学経済学部卒業

2006 年　神戸大学大学院経営学研究科博士課程前期課程修了

2008 年　日本学術振興会特別研究員（DC2）

2009 年　神戸大学大学院経営学研究科博士課程後期課程修了

2009 年　中京大学経営学部専任講師，准教授，教授

2018 年　東北大学大学院経済学研究科准教授を経て，2024 年より現職。

主著：『「持たざる企業」の優位性─基盤技術を保有しない企業の製品開発』
　　　中央経済社，2017 年。

横澤 幸宏（よこざわ　ゆきひろ）　　　　　　　　　　　　　　第 5, 10 章

岡山商科大学経営学部准教授，博士（経営学）

2005 年　小樽商科大学商学部卒業

2007 年　神戸大学大学院経営学研究科博士課程前期課程修了

2012 年　神戸大学大学院経営学研究科博士課程後期課程修了

2012 年　岡山商科大学経営学部専任講師を経て，2015 年より現職。

主著：「家庭用ゲーム産業のビジネスシステムに関する予備的考察」（『国民
　　　経済雑誌』第 214 巻第 1 号，2016 年）。

宮尾 学（みやお　まなぶ）　　　　　　　　　　　編集・第 1, 6, 7, 8 章

　　神戸大学大学院経営学研究科教授，博士（経営学）

　1998 年　京都大学工学部工業化学科卒業

　2000 年　京都大学大学院工学研究科博士課程前期課程修了

　2000 年　サンスター株式会社入社

　2006 年　神戸大学大学院経営学研究科専門職学位課程修了

　2010 年　神戸大学大学院経営学研究科博士課程後期課程修了

　2011 年　滋賀県立大学人間文化学部生活デザイン学科助教

　2014 年　神戸大学大学院経営学研究科准教授を経て，2023 年より現職。

　主著：『製品開発と市場創造―技術の社会的形成アプローチによる探究』白
　　　　桃書房，2016 年。

陰山 孔貴（かげやま　よしき）　　　　　　　　　　　　　　第 9 章

　　関西大学商学部教授，博士（経営学）

　2001 年　早稲田大学理工学部卒業

　2003 年　早稲田大学大学院理工学研究科修士課程修了

　2003 年　シャープ株式会社入社

　2012 年　神戸大学大学院経営学研究科博士課程後期課程修了

　2013 年　獨協大学経済学部経営学科専任講師，准教授

　2022 年　関西大学商学部准教授を経て，2024 年より現職。

　主著：『脱コモディティ化を実現する価値づくり―競合企業による共創メカ
　　　　ニズム』中央経済社，2019 年。

門脇 一彦（かどわき　かずひこ）　　　　　　　　　　　　　第 12 章

　　岡山商科大学経営学部教授，博士（経営学）

　1984 年　岡山大学工学部応用機械工学科卒業

　1984 年　セイコーエプソン株式会社を経て，ダイキン工業株式会社入社

　2006 年　神戸大学大学院経営学研究科専門職学位課程修了

　2015 年　神戸大学大学院経営学研究科博士課程後期課程修了

　2019 年　ダイキン工業株式会社を定年退職

　2021 年　岡山商科大学経営学部特任教授を経て，2024 年より現職。

技術経営

2017年9月30日　第1版第1刷発行
2024年5月30日　第1版第11刷発行

編著者　原　　　拓　志
　　　　宮　尾　　　学
発行者　山　本　　　継
発行所　㈱中央経済社
発売元　㈱中央経済グループ
　　　　パブリッシング

〒101-0051　東京都千代田区神田神保町1-35
電　話　03 (3293) 3371 (編集代表)
　　　　03 (3293) 3381 (営業代表)
https://www.chuokeizai.co.jp
印刷／三英グラフィック・アーツ㈱
製本／誠　　製　　本　　㈱

© 2017
Printed in Japan